Steigern Sie Ihren Einfluss in den sozialen Medien auf Instagram.

Steigern Sie Ihren Einfluss in den sozialen Medien auf Instagram.

Serie "Einfluss der sozialen Medien"
von: Aaron Cockman
Version 1.1 ~Januar 2022
Veröffentlicht von Aaron Cockman bei KDP
Urheberrecht ©2022 von Aaron Cockman. Alle Rechte vorbehalten.

Kein Teil dieser Publikation darf ohne vorherige schriftliche Genehmigung der Herausgeber in irgendeiner Form oder mit irgendwelchen Mitteln, einschließlich Fotokopien, Aufzeichnungen oder anderer elektronischer oder mechanischer Methoden oder durch ein Informationsspeicher- oder -abrufsystem, vervielfältigt, verbreitet oder übertragen werden, mit Ausnahme sehr kurzer Zitate in kritischen Rezensionen und bestimmter anderer nichtkommerzieller Verwendungen, die nach dem Urheberrecht zulässig sind.

Alle Rechte vorbehalten, einschließlich des Rechts auf vollständige oder teilweise Vervielfältigung in jeder Form.

Alle Angaben in diesem Buch wurden sorgfältig recherchiert und auf ihre sachliche Richtigkeit überprüft. Der Autor und der Herausgeber übernehmen jedoch keine Garantie, weder ausdrücklich noch stillschweigend, dass die hierin enthaltenen Informationen für jede Person, jede Situation oder jeden Zweck geeignet sind, und übernehmen keine Verantwortung für Fehler oder Auslassungen.

Der Leser übernimmt das Risiko und die volle Verantwortung für alle Handlungen. Der Autor kann nicht für Verluste oder Schäden verantwortlich gemacht werden, die sich aus den in diesem Buch enthaltenen Informationen ergeben könnten.

Alle Bilder sind frei verwendbar oder von Stockfoto-Websites erworben oder lizenzfrei für die kommerzielle Nutzung. Ich habe mich bei der Erstellung dieses Buches auf meine eigenen Beobachtungen sowie auf viele verschiedene Quellen gestützt, und ich habe mein Bestes getan, um die Fakten zu überprüfen und die Quellen zu nennen, wo es angebracht ist. Sollte Material ohne entsprechende Erlaubnis verwendet worden sein, kontaktieren Sie mich bitte, damit das Versehen korrigiert werden kann.

Obwohl der Herausgeber und der Autor alle Anstrengungen unternommen haben, um sicherzustellen, dass die Informationen in diesem Buch zum Zeitpunkt der Drucklegung korrekt waren, und obwohl diese Publikation darauf abzielt, genaue Informationen zu den behandelten Themen zu liefern, übernehmen der Herausgeber und der Autor keine Verantwortung für Fehler, Ungenauigkeiten, Auslassungen oder sonstige Unstimmigkeiten in diesem Buch und lehnen hiermit jegliche Haftung gegenüber Dritten für Verluste, Schäden oder Störungen ab, die durch Fehler oder Auslassungen verursacht wurden, unabhängig davon, ob diese Fehler oder Auslassungen auf Fahrlässigkeit, Unfälle oder andere Ursachen zurückzuführen sind.

Diese Publikation ist als Quelle wertvoller Informationen für den Leser gedacht, sie ersetzt jedoch nicht die direkte Unterstützung durch einen Experten. Wenn eine solche Unterstützung erforderlich ist, sollten die Dienste eines kompetenten Fachmanns in Anspruch genommen werden.

Inhalt

Einführung. 7

Kapitel no.1 9

Instagram Influencer Marketing kann ziemlich einschüchternd wirken. 9

Was ist ein Instagram-Influencer? 9

Die wichtigsten Instagram-Influencer im Jahr 2021. 11

Arten von Instagram-Influencern. 12

Wie viel kosten Instagram-Influencer? 14

Wie man Instagram-Influencer findet. 15

Erfolgreiche Influencer-Marketing-Initiativen auf Instagram. .. 20

Kapitel no.2 23

Instagram hat die Welt verändert. 23

1. Sie hat eine breite Palette von Schönheitskriterien. 23
2. Sie hat unsere Reisegewohnheiten verändert. 24
3. **Flatlays sind dadurch zu einem Phänomen geworden.** .. 25
4. Sie hat neue kulinarische Trends hervorgebracht. 25
5. Es hat ganze soziale Marken hervorgebracht. 26

Der Aktivismus wurde mobilisiert. 27

6. Entstehung einer neuen Art von Influencern. 28

Kapitel no.3 30

Steigern Sie Ihren Einfluss auf Instagram. 30

Kapitel no.4 35

Verwendung von Instagram-Analysetools. 35

- Konsequent posten. 37

- Nicht predigen - stattdessen Geschichten erzählen. 38
- Aufbau einer starken Marke. 40
- Optisch einheitlicher Instagram-Feed. 40
- Richtige Hashtags. 41
- Fokus auf nutzergenerierte Inhalte. 43
- Vollständige Auswahl an Instagram-Videoformaten. 43
- Verwendung von Instagram-Videountertiteln und Untertiteln. 45
- Aktivieren Sie Instagram Reels. 46
- Nutzen Sie die AR-Filter von Instagram. 46
- Nutzen Sie die Vorteile der Videoanzeigenformate von Instagram. 47
- Gib GIFs eine Chance. 48
- Nutzen Sie den Instagram-Verkehr, um den Website-Verkehr zu erhöhen. 48
- Nutzen Sie SEO, um Instagram zu 'gewinnen'. 49
- Partnerschaften mit Mikro-Influencern. 50
- Veranstalten Sie einen Instagram-Wettbewerb. 52
- Instagram-Follower in E-Mail-Abonnenten umwandeln. 53
- Umfassen Sie Instagram Stories. 53
- Einen Link zu Instagram Stories hinzufügen. 54
- Effektive Verwendung von Emojis. 55
- Werben Sie für Ihren Instagram-Kanal. 56
- CTAs hinzufügen, überall. 56
- Lernen Sie von Ihren erfolgreichsten Inhalten. 57

Kapitel no.5 58
Ein erfolgreicher Instagram-Influencer werden. 58
Instagram-Influencer im Jahr 2021. 58
Identifizieren Sie Ihre Nische und Ihre Inhaltssäulen. 59
Master Short-Form Video und Post Reels. 60
Konsequent sein. 62
Schreiben Sie aussagekräftige Beschriftungen. 63
Fokus auf Gemeinschaftsbildung. 64
Erfahren Sie mehr über die Zuhörerschaft. 65
Optimieren Sie Ihre Bio und Ihr Profil. 67
Ihr Netzwerk und Ihr Markenauftritt. 68
Bonus-Tipp: Diversifizieren Sie Ihre Plattformen. 70
Kapitel no. 6 73
Mehr (ECHTE) Instagram-Follower im Jahr 2021. 73
Kapitel no.7 80
Instagram-Influencer Heute wichtig. 80
Vorteile für Marken. 81
Wer möchte nicht mächtig, wohlhabend und erfolgreich sein? .82
Einpacken. 83
Schlussfolgerung: 84

Einführung.

Das bedeutet nicht, dass Instagram eine gute Wahl für Sie oder Ihr Unternehmen ist. Auch Influencer-Marketing kann auf dieser Plattform erfolgreich sein, wenn sie weit verbreitet ist. Da die Bedürfnisse eines jeden Unternehmens so unterschiedlich sind, ändern sich auch die Plattformen, die Sie nutzen sollten. Die Popularität von Instagram beruht auf seiner Anpassungsfähigkeit. Mit der Möglichkeit, professionell aussehende Bilder sowie Kurz- und Langvideos zu erstellen und zu posten, spricht Instagram praktisch jeden an, aber das hängt auch von Ihrer Zielgruppe ab. Das, was wir auf Instagram sehen, wird sorgfältig verwaltet - zumindest in den primären Feeds. Instagram Stories sind fantastisch, um Inhalte in Echtzeit und aus dem Stegreif zu zeigen, und Tools wie Reels und IGTV ermöglichen es Influencern, ihre Kreativität und Leidenschaft für die Erstellung von Inhalten unter Beweis zu stellen.

Die Mehrheit der Instagram-Nutzer war zwischen 25 und 34 Jahre alt. Daher sollte dies mit der Zielgruppe Ihrer Marke übereinstimmen, um das Beste aus Ihrer Influencer-Marketing-Kampagne herauszuholen. Instagram bietet auch Analysetools an, mit denen Unternehmen und Influencer schnell und unkompliziert Kampagnenkennzahlen und Ergebnisse verfolgen können. Dies ist nützlich, um herauszufinden, wie erfolgreich eine Kampagne war und was beim nächsten Mal besser gemacht werden kann. Darüber hinaus ist

Instagram ein hervorragendes Tool für den Aufbau einer Community und von Beziehungen zu den Zuschauern, was es ideal für das Influencer-Marketing macht. Schließlich sind Kundentreue und Engagement von entscheidender Bedeutung. Mit seiner neu gewonnenen Dominanz hat Instagram seine Konkurrenten überholt. Entwickeln Sie mit Hilfe dieser neuen Social-Media-Plattform eine ganz neue Art von Geschäft. Sie können hier alles tun. Aktuellen Social-Media-Daten zufolge hat das Trommeln eine starke Anhängerschaft. Instagram wird jeden Monat von mehr als 1,15 Milliarden Menschen genutzt. Neunzig Prozent der Instagram-Nutzer folgen mindestens einem Unternehmenskonto. Dreiundachtzig Prozent der Instagram-Nutzer entdecken neue Produkte und Dienstleistungen auf der Plattform. Wenn sie Werbung auf Instagram sehen, interessieren sich 50 % der Instagram-Nutzer stärker für eine Marke. Neunundfünfzig Prozent der Mikro-Influencer sagen, dass sie auf Instagram das meiste Engagement erhalten. Diese Instagram-Statistiken belegen die schnelle Expansion der Plattform. Es ist keine Überraschung, dass die bekanntesten Unternehmen der Welt Instagram anderen Social-Media-Plattformen vorziehen, um ihre Waren und Dienstleistungen zu bewerben. Es ist jetzt einfacher, neue Kunden anzusprechen und eine große Fangemeinde von Markenbotschaftern aufzubauen.

Kapitel no.1

Instagram Influencer Marketing kann ziemlich einschüchternd wirken.

Instagram-Influencer sind ein Muss für eine erfolgreiche Marketingstrategie. Sie fragen sich vielleicht: "Wie kann ich Influencer finden?" Wie viel wird es Sie kosten? Werde ich dadurch etwas verkaufen können? Glücklicherweise können Sie vom Instagram-Influencer-Marketing profitieren, egal ob Sie ein großes oder ein kleines Unternehmen sind. Die Identifizierung von und die Zusammenarbeit mit Instagram-Influencern ist der Schwerpunkt dieses Kapitels. Darüber hinaus erhalten Sie Hinweise, wie Sie eine effektive Kampagne durchführen können.

Was ist ein Instagram-Influencer?

Um ein Instagram-Influencer zu sein, müssen Sie eine große Fangemeinde in einem bestimmten Nischenbereich haben. Sie sind die Fürsprecher für Ihr Unternehmen. In ihrem Bereich können sie mit Instagram-Stars verglichen werden. Solange Sie ihnen eine Gegenleistung für ihr Geld bieten, werden sie allen anderen von Ihrem Unternehmen erzählen. Laut Hype Auditor's State of Influencer Research on Marketing 2021 werden bis zum Ende des Jahres 5,8 Milliarden Dollar im Instagram-Influencer-Geschäft umgesetzt werden.

Instagram-Influencer arbeiten hart daran, loyale Follower zu gewinnen, die an sie und die von ihnen vertretenen Produkte glauben. Die Zusammenarbeit mit diesen Influencern hat den zusätzlichen Vorteil, dass sie für Sie ansprechende nutzergenerierte Inhalte erstellen. Viele arbeiten mit professionellen Fotografen zusammen, um ausgefeiltes und gut durchdachtes Influencer-Material für Kunden zu entwickeln. Und was ist das Beste daran? Sie erhalten das Recht, diese Inhalte in Ihren Marketingmaterialien zu verwenden, z. B. auf Ihrer Produktwebsite als Social Proof oder in einer Pressemappe. Hier sind die beliebtesten Nischen für Blogger:

- Musik
- Humor und Spaß
- Literatur und Journalismus
- Kino
- Reisen
- Natur und Landschaften
- Schönheit
- Extremsport und Outdoor-Aktivitäten.

Aufgrund ihrer Autorität in einem speziellen Bereich können diese Personen das Kaufverhalten von Instagram-Followern beeinflussen. Marken, die: Instagram-Influencer bezahlen.

- Vertrauen bei einer Zielgruppe aufbauen
- den Bekanntheitsgrad der Marke erhöhen
- wichtige Verbindungen zu Influencern aufbauen
- Nischenmärkte schneller erreichen
- den Umsatz steigern.

Das Sponsoring von Material auf dem Instagram-Konto eines Influencers ist eine Möglichkeit, dies zu tun.

Kleinere Unternehmen neigen dazu, vor Influencer Marketing zurückzuschrecken, weil sie glauben, dass es zu kostspielig oder ineffektiv ist. Laut der Studie von Influencer Marketing Hub und Up fluence vom Januar 2021 planen 62 Prozent der Unternehmen weltweit, ihre Influencer-Marketing-Budgets in diesem Jahr zu erhöhen. "Obwohl Influencer Marketing für E-Commerce-Firmen schon seit Jahren wächst, hat die Pandemie es zweifellos beschleunigt", sagt Jordie Black, Content Marketing Manager bei Vitals.co. "Es hat sie dazu gebracht, neue Wege der Kundenkommunikation zu finden." Kleinere Unternehmen sind nun auf Augenhöhe mit bekannteren Marken, dank der Vorliebe für kleine und lokale Geschäfte.

Die wichtigsten Instagram-Influencer im Jahr 2021.

Diese zehn Accounts waren laut Brandwatch-Daten die Top-Influencer auf Instagram im Jahr 2021:

- Cristiano Ronaldo hat eine Fangemeinde von 307 Millionen Menschen.
- Dwayne, "The Rock" Johnson, hat 249 Millionen Follower auf Instagram.
- Ariana Grande hat 247 Millionen Instagram-Follower.
- Kylie Jenner hat 244 Millionen Instagram-Follower.
- Selena Gomez hat 240 Millionen Instagram-Follower.
- Kim Kardashian hat 232 Millionen Instagram-Follower.
- Lionel Messi hat 224 Millionen Follower auf Twitter.

- Beyoncé hat 189 Millionen Instagram-Follower.
- Justin Bieber hat 180 Millionen Instagram-Follower.
- Kendall Jenner hat 172 Millionen Instagram-Follower.

Nachdem Sie diese Liste gelesen haben, werden Sie vielleicht ein wenig nervös, wenn es darum geht, Instagram-Influencer zu beschäftigen. Werden Sie in der Lage sein, Beyoncé für Ihre nächste politische Kampagne zu engagieren? Höchstwahrscheinlich nicht. Werfen Sie einen genaueren Blick auf die zahlreichen Accounts, die Sie für Ihre nächste Influencer-Marketing-Kampagne einsetzen könnten.

Arten von Instagram-Influencern.

Vermarkter unterteilen Instagram-Influencer in fünf Kategorien: Nano, Micro, Mid, Macro und Mega. Hier ist die Aufschlüsselung der Follower.

Nano (1-10K) ist ein Begriff, der sich auf die Größe eines.

Content Creators, Blogger und normale Personen mit 1.000 bis 10.000 Instagram-Followern werden als Nano-Influencer bezeichnet. Sie können auf ihren Feeds oder in ihren Stories für Dinge werben, aber Influencer-Marketing ist für sie selten ein Vollzeitjob. Nano-Influencer bauen in der Regel eine starke Bindung zu ihren Fans auf, was zu einem hohen Maß an Engagement führt. Nano-Influencer haben einen höheren Prozentsatz an

Engagement. Menschen, die sich für das Produkt interessieren und bereit sind, es mit ihren Followern zu teilen, sind meine besten Influencer. Seit 2018 haben Nano-Influencer eine stärkere Bindung zu ihrem Publikum als größere Accounts gezeigt, mit Engagement-Raten um 5 %, verglichen mit 2,2 % für alle Influencer.

Mikro (10-100K) ist ein Begriff, der zur Beschreibung einer kleinen Datenmenge verwendet wird.

Micro-Influencer haben eine Anhängerschaft von 10.000 bis 100.000 Personen. Micro-Influencer sollen sogar nur 1.000 Follower haben, aber es gibt keine offizielle Zahl. Trotzdem machen Micro-Influencer laut Hype Auditor 47 % aller Instagram-Ersteller aus. Diese Influencer sind etwas teurer als Nano-Influencer, aber sie bieten immer noch die gleiche persönliche, praktische Atmosphäre. Daher sind sie eine hervorragende Wahl, um für Ihr Unternehmen zu werben und den Umsatz zu steigern.

Die Mitte (100–500K)

Auf Instagram haben mittelgroße Influencer oft zwischen 100.000 und 500.000 Follower. Sie sind die zweitstärkste Kategorie von Influencern (26 Prozent). Dieser Gruppe fehlt das Eins-zu-Eins-Gefühl der Nano-Influencer, aber sie haben eine größere Reichweite und höhere Engagement-Raten als Marco- oder Mega-Influencer.

(500K–1M) Makro.

Die ersten drei Kategorien sind weniger bekannt als Makro-Influencer. Sie haben eine Million oder mehr Follower und liegen zwischen Mega-Influencern

(Prominente) und mittelgroßen Influencern. Ob durch Vlogging oder durch das Bereitstellen von amüsantem Material, diese Influencer wurden im Internet bekannt. Ein Makro-Influencer ist ein intelligenter Weg, wenn Sie breitere Demografien erreichen wollen, wie zum Beispiel "junge Männer."

Mega (1 million or more).

Im Bereich des Social-Media-Marketings sind die Mega-Influencer die Top-Accounts. Sie haben in der Regel eine Million oder mehr Follower und sind eher berühmt als einflussreich. Ihr Publikum ist breit gefächert, mit einer großen Bandbreite an Interessen und entfernteren Beziehungen. Mega-Influencer wie Lele Pons oder Kylie Jenner können einer Marke helfen, ein großes Publikum zu erreichen. Diese Konten verfügen über ausgezeichnete Fachkenntnisse in der Zusammenarbeit mit Unternehmen bei der Öffentlichkeitsarbeit, sind aber teurer als die unteren Stufen.

Wie viel kosten Instagram-Influencer?

Laut Fox Business verdient der durchschnittliche Instagram-Influencer zwischen 30.000 und 100.000 Dollar pro Jahr mit Produktwerbung. Für Instagram-Influencer gelten hingegen andere Gebühren. Influencer können ihre Instagram-Konten monetarisieren, indem sie:

- Folgendes
- Engagement-Metriken
- Nische
- Nachfrage und Saisonalität
- Wiederverwendung und Lizenzrechte
- Ausschließlichkeit.

Laut Hype Auditor erhalten Sie für jeden 1 $, den Sie für die Werbung eines Instagram-Influencers ausgeben, 4,87 $ an verdientem Medienwert. Die Kosten für die Erzielung der gleichen Reichweite durch bezahlte Social Ads bei der gleichen Zielgruppe entsprechen dem Earned-Media-Wert. Doch wie viel würde Sie ein einziger Instagram-Influencer-Post kosten? Andrew Macarthy, ein Social-Media-Experte und Amazon-Bestsellerautor, konnte anhand der Anzahl der Follower, die Sie haben, die durchschnittlichen Kosten pro Beitrag wie folgt berechnen:

- Micro (10-100K Follower): $100-500 pro Beitrag
- Nano (1-10K Follower): $10-100 pro Beitrag
- Mid-Level (100-500K Follower): $500-$5.000 für jeden Post
- Mega (1M+ Follower): $10K+ pro Beitrag - Makro (500K-1M Follower): $5K-10K pro Beitrag.

Sie können auch die typischen Kosten für jeden Influencer, mit dem Sie zusammenarbeiten möchten, mithilfe eines Instagram-Preisrechners wie Inspirers ermitteln. Sie müssen die folgenden Informationen angeben:

- den Benutzernamen des Influencers
- die Anzahl der Beiträge, die er veröffentlichen soll
- die Anzahl der Stories, die sie teilen sollen.

Der Rechner berechnet dann die Reichweite eines Beitrags, die durchschnittliche Engagement-Rate und die voraussichtlichen Kosten eines gesponserten Beitrags.

Wie man Instagram-Influencer findet.

Möchten Sie eine Instagram-Influencer-Marketingkampagne durchführen, wissen aber nicht, wo Sie anfangen sollen? Hier erfahren Sie, wie Sie den richtigen Influencer für Ihr Unternehmen finden:

Erwägen Sie die Nutzung einer Influencer-Marketing-Plattform.

Sie müssen sich nicht mehr durch Hashtags oder Feeds von Konkurrenten wühlen, um potenzielle Influencer zu finden. Sie können die Datenbank und Algorithmen einer Influencer-Marketing-Plattform nutzen, um Influencer zu finden. Viele Influencer-Plattformen bieten Kampagnenmanagement, Marktplätze, Analysefunktionen und Software für das Beziehungsmanagement, damit die Kampagnen reibungslos ablaufen. Sehen Sie sich die folgenden Plattformen an:

- Grin gilt als eine der besten Influencer-Marketing-Plattformen für eCommerce-Unternehmen. Sie verfügt über 37 Millionen Influencer auf Instagram, Tok-Tok, Snapchat, YouTube und Twitch, neben anderen Social-Media-Seiten.
- Up fluence ist eine Selbstbedienungsplattform zur Identifizierung von Influencern, die von Unternehmen wie PayPal und Microsoft genutzt wird. Sie können Ihre Gebühren festlegen und nach Influencern suchen, die Ihren Anforderungen entsprechen.
- Creator. Co, ein Marktplatz für Influencer mit über 500 Millionen Nutzern zur Auswahl. Mit der

Selbstbedienungsoption können Sie selbst nach Influencern suchen oder einen automatischen Algorithmus die perfekte Übereinstimmung für Ihre Kampagne und den gewünschten Influencer ermitteln lassen.

Jede Plattform hat ihre eigenen Vorteile und Schwerpunktbereiche. Andererseits helfen Ihnen die drei oben genannten Plattformen bei der Suche nach neuen Influencern, bei der Verwaltung von Kampagnen und bei der Bereitstellung von Daten, mit denen Sie Ihre Marketingbemühungen verbessern können.

Kennen Sie Ihr "Warum."

Zuallererst sollten Sie sich fragen: "Warum wollen Sie mit Influencern zusammenarbeiten?", fragt Neil Waller, Mitbegründer des Influencer-Marketing-Unternehmens Whalar. "Da das Ergebnis der Zusammenarbeit mit Influencern eine Vielzahl von Dingen sein kann, kann sich die Linse, durch die Sie sie prüfen, je nach Ihren Geschäftszielen ändern." Die Zusammenarbeit mit Influencern hat drei wesentliche Vorteile, von denen jeder für sich genommen ein lohnendes Ziel darstellt, so Neil:

1. Sie nutzen ihr Wissen über eine Plattform und deren Funktionsweise, um Inhalte für sie zu produzieren.

2. Sie erkennen ihren Zielmarkt.

3. Arbeiten Sie mit ihnen als Kunden zusammen, um ihren Input und ihre Ansichten über Ihr Produkt zu erhalten.

Auch wenn die Entscheidung für ein Ziel von entscheidender Bedeutung ist, betont Neil, dass sie nicht auf Kosten anderer Ergebnisse gehen sollte. "Sie können alle drei Ziele erreichen", argumentiert er, "aber Sie müssen zunächst Ihre Hauptziele festlegen, bevor Sie mit dem Prüfungsverfahren beginnen."

Entscheiden Sie, ob sie zur Marke passen.

Bevor Sie sich etwas Quantitatives ansehen, wie die Anzahl der Follower oder das Engagement, sollten Sie eine Liste von Influencern zusammenstellen, von denen Sie glauben, dass sie gut zu Ihren Produkten und Ihrem Unternehmen passen. Wenn Sie wissen, wofür Ihre Marke steht, kann dies ein einfaches Verfahren sein, oder Sie müssen definieren, was jemanden zu einer guten Ergänzung macht, aber es ist der wichtigste erste Schritt. "Als wir mit Shore Projects Influencer Marketing betrieben, war die erste Frage, die wir uns stellten: "Wir müssen wissen, ob der Influencer, mit dem wir zusammenarbeiten wollen, wie jemand aussieht, von dem wir kaufen würden, und ob er unsere Produkte benutzen oder tragen würde." erklärt Neil. "Denn, ehrlich gesagt, welchen Sinn hat es, etwas zu tun, wenn sie es nicht tun?" Jedes Unternehmen wird seine Marke anders mit den Inhalten eines Influencers verbinden, aber Neil hat ein einfaches mentales Modell entwickelt, das Ihnen bei diesem Prozess hilft. Influencer sind ähnlich wie Zeitschriftenverlage, wenn sie in Bestform sind. Wenn man eine Zeitschrift aufschlägt, bekommt man ein Gefühl für die Stimme und den Ton sowie dafür, wofür die Zeitschrift steht und was sie abdeckt. "Im Falle eines Zeitschriftenverlags würden Sie auf diese Weise entscheiden, ob Sie Ihre Marke mit dieser Publikation verknüpfen wollen oder nicht." "Verwenden Sie den gleichen Ansatz bei Influencern." Anhand der Instagram Stories und des Feeds sollten Sie herausfinden, wer der Influencer ist, welche Themen er abdeckt und welchen Stil er insgesamt hat. Als Nächstes können Sie sich ihre Engagement-Raten ansehen, um zu sehen, ob diese Variablen gut zu Ihrer Marke und Ihren Artikeln passen.

Prüfen Sie das Niveau des Engagements:

Nachdem Sie die perfekte Person für die Position gefunden haben, ist es an der Zeit zu bewerten, ob sie ihr Versprechen einer Community einhalten kann. Unternehmen wie Whalar können Ihnen dabei helfen, herauszufinden, ob die Beiträge eines Influencers das erwartete Engagement haben. Sie können aber auch die öffentlichen Informationen auf ihren Instagram-Profilen nutzen, um dies herauszufinden. "Mit einem flüchtigen Blick kann man das herausfinden", erklärt Neil. "Schauen Sie sich die Beiträge und die durchschnittliche Anzahl der Likes pro Beitrag an. Nehmen Sie die letzten vier bis zehn Posts, addieren Sie alle Likes, teilen Sie sie durch die Anzahl der Posts, um einen Durchschnittswert zu erhalten, und teilen Sie ihn durch die Gesamtzahl der Follower. Dies ist die so genannte Engagement-Rate. "Solange die Engagement-Rate zwischen 2 % und 3 % oder höher liegt, ist das ein solides Zeichen für Engagement." Menschen mit einem kleineren Publikum können Engagement-Raten von 8, 9 oder 10 % haben, was extrem hoch ist." Da es bei Instagram nicht nur um Likes geht, können Sie sich die Kommentare zu den Fotos der einzelnen Influencer ansehen, um zu sehen, welche Art von Diskussionen sie mit ihren Followern führen. Es ist ein positives Zeichen, wenn die Kommentare echt wirken und nicht nur aus einer Reihe von Ein-Wort-Aussagen bestehen.

Behalten Sie Ihre Ziele im Auge.

Beachten Sie bei der Auswahl von Influencern die drei wichtigsten Vorteile, die Sie von diesen Partnerschaften erwarten können: Zugang zu neuen Mitgliedern und Feedback von einem Kunden, der Ihrer demografischen Zielgruppe entspricht. Was auch immer Ihr oberstes Ziel ist, verlieren Sie nicht das Ergebnis aus den Augen, das Sie sich von der Zusammenarbeit erhoffen, und denken Sie daran, dass Ihre Marketingtechniken zu einer Arbeit führen sollten, auf die Sie stolz sind. Die Zusammenarbeit mit Personen, die mit Ihrer Marke übereinstimmen, und ein starkes Engagement auf deren Plattform sind nur zwei Methoden, um dies zu gewährleisten.

Erfolgreiche Influencer-Marketing-Initiativen auf Instagram.

Zu diesem Zeitpunkt haben Sie ein grundlegendes Konzept der Influencer, die Sie kontaktieren möchten. Bevor Sie sie jedoch kontaktieren, müssen Sie zunächst auswählen, was sie posten sollen. Beachten Sie bei der Kontaktaufnahme mit Instagram-Influencern die folgenden Tipps:

Definieren Sie Ihr Ziel.

Höchstwahrscheinlich werden Sie eines der folgenden drei Ziele verfolgen: Steigerung der Markenbekanntheit, Steigerung des Engagements in den sozialen Medien oder Steigerung des Umsatzes. Es ist wichtig, den Erfolg frühzeitig zu definieren, damit Sie Ihre Fortschritte später verfolgen können. Überlegen Sie, wie viele Artikel Sie verkaufen müssen, um kostendeckend zu arbeiten. Formulieren Sie Ihr Ziel in einem Google Doc präzise, z. B. "Verkäufe erzielen, 2x die Investitionsrendite."

Erstellen Sie einen Finanzplan.

Erstellen Sie einen Ausgabenplan für Ihre Kampagne. Als Kleinunternehmer kann man diesen Schritt leicht übersehen, aber Sie müssen die Ausgaben im Auge behalten, damit Sie wissen, ob Ihre Kampagne profitabel war oder nicht. Berechnen Sie Ihre Kosten pro Influencer, wenn Sie die Influencer nach dem Produkt bezahlen. Angenommen, Ihre Transportkosten betragen 7 $ und die Kosten für die Herstellung eines Produkts 13 $. Ihre gesamten Influencer-Kosten betragen 20 $. Teilen Sie diese Zahl durch den Geldbetrag, den Sie für die Kampagne ausgeben möchten, um eine Schätzung zu erhalten, mit wie vielen Influencern Sie arbeiten können.

Erstellen Sie ein Media Kit für Influencer.

Erstellen Sie eine kurze Beschreibung des Erscheinungsbildes Ihrer Marke. Erfolgreiche Instagram-Posts und Grafiken können verwendet werden, um Influencer zur Teilnahme an Ihren Kampagnen zu motivieren.

Fügen Sie eine Erklärung der Marke sowie eine ausführliche Beschreibung des Produkts bei, das sie vermarkten werden. Außerdem möchten Influencer, dass das Produkt zu ihrem Image passt. Ein Media-Kit kann also dazu beitragen, dass alle Beteiligten auf derselben Seite stehen.

Gehen Sie so persönlich wie möglich auf die Menschen zu.

Bei der Kontaktaufnahme mit Influencern gibt es ein bestimmtes Protokoll zu befolgen. Sie können sie per E-Mail oder Instagram-Direktnachricht kontaktieren. Erläutern Sie in jedem Fall, warum Sie sich an sie wenden und warum sie gut zu Ihrer Marke passen. Aufrichtige Komplimente werden geschätzt und können Ihrem Unternehmen helfen, sich von der Masse abzuheben. Hier sind einige Hinweise für das Versenden Ihrer Outreach-Nachricht:

- Machen Sie deutlich, was sie als Gegenleistung für die Zusammenarbeit mit Ihrem Unternehmen erwarten können.
- Akzeptieren Sie niemals eine Vergütung in Form von Werbung. Das wird viele Influencer vor den Kopf stoßen.
- Seien Sie kurz und bündig in Ihrer Nachricht.
- Wenn sie nicht auf eine E-Mail antworten, antworten Sie mit einer Instagram-DM.

Bevor Sie einer Zusammenarbeit zustimmen, besprechen Sie Ihre Ziele mit dem Influencer.

Die Auswahl der besten Influencer für Ihr Unternehmen.

Wie Sie sehen, können Instagram-Influencer Ihre Social-Media-Marketingbemühungen erheblich beeinflussen. Sie genießen das Vertrauen eines engagierten Publikums, können schöne Inhalte für Ihr Unternehmen erstellen und bieten Ihnen eine originelle Form der

Bekanntheit, die traditionelle Werbung nicht bieten kann. Nutzen Sie diese Methode, um relevante Influencer ausfindig zu machen, denen Ihre Kunden vertrauen und die in Ihrem Budget liegen. Erkundigen Sie sich dann, ob sie an einer Zusammenarbeit im Rahmen einer Kampagne interessiert sind. Sie werden schnell die Vorteile der Zusammenarbeit mit Instagram-Influencern erkennen.

Kapitel no.2

Instagram hat die Welt verändert.

Instagram ist in den letzten zwei Jahren von allen führenden sozialen Plattformen am schnellsten gewachsen und hat eine Milliarde aktive Nutzer gesammelt. Die Nutzer verbringen etwa 53 Minuten pro Tag auf der Foto-Sharing-App. Der Einfluss auf unser tägliches Leben ist beträchtlich - und ich spreche nicht nur von der Zahl der Menschen, die sich weigern zu essen, bevor sie das perfekte #brunchgoals-Foto geschossen haben. Instagram hat neue Subgenres, Unternehmen und Berufe hervorgebracht und ganze Branchen umgekrempelt. In diesem Beitrag sehen wir uns sieben Möglichkeiten an, wie Instagram das moderne Verhalten verändert hat, was Sie bei der Planung Ihres Marketings und Ihrer Öffentlichkeitsarbeit bedenken sollten.

1. Sie hat eine breite Palette von Schönheitskriterien.

Wenn es um die Beeinträchtigung der psychischen Gesundheit junger Menschen geht, ist Instagram stark in die Kritik geraten. Einige geben der Fülle an gefilterten, veränderten Fotos die Schuld, die eine übertriebene Erwartung an die Schönheit vermitteln - es gibt jedoch eine Umkehrung. Die Öffentlichkeit verlässt sich nicht mehr auf die traditionellen Medien, die ein enges Schönheitskonzept präsentieren. Eine vielfältigere Perspektive der Schönheit kann vermittelt werden, indem den Kunden eine zugängliche Plattform geboten wird. Instagram wird genutzt, um Schönheitstabus zu brechen, von Menschen, die unzensiert ihre Pickel, Dehnungsstreifen und Narben zeigen, bis hin zum Wachstum von Plus-Size-, Trans- und behinderten Influencern. Diese vielfältigen Darstellungen gewinnen auf der Plattform an Popularität und ziehen ein großes Publikum an, was Marken dazu veranlasst, sich mit der Thematik auseinanderzusetzen.

2. Sie hat unsere Reisegewohnheiten verändert.

Reiseinspirationen gibt es auf Instagram in Hülle und Fülle. Wir können Fotos der malerischsten Orte auf der ganzen Welt in unserer Handfläche sehen, und unsere Reisegewohnheiten ändern sich infolgedessen. Ob wir die App nutzen, um vor der Reise nach den schönsten Orten zu recherchieren, oder ob wir uns für einen bestimmten Ort entscheiden, weil wir ein perfektes Bild posten wollen - der "Insta-Tourismus" hat einen großen Einfluss. Laut einer Facebook-Studie nutzen 70 % der Reisefans (diejenigen, die reisebezogene Hashtags verwenden) die Website, um ihre Urlaubspläne zu posten, während 67 % Instagram nutzen, um Ideen für neue Abenteuer zu bekommen. Diese Tendenzen lassen sich auch an den berühmten Reisezielen auf Instagram ablesen. China hat 2016 die höchste und längste Glasbodenbrücke der Welt gebaut. Nur dreizehn Tage nachdem Zehntausende von Besuchern herabgestiegen waren, um den Moment mit der Kamera festzuhalten, musste die Attraktion ihre Pforten schließen. Die Zunahme von Instagram-beeinflussten Reisen hat Tourismusfachleute dazu veranlasst, ihren Ansatz zu überdenken. Dank seiner spektakulären Kombination aus Auftragsfotografie, nutzergenerierten Inhalten und klugen Kommentaren hat das offizielle Instagram-Konto von

Tourism Australia (@australia) über 3,2 Millionen Follower.

Nick Henderson, der weltweite Social Media Manager von Tourism Australia, erklärte kürzlich gegenüber CNN: "Es hat sich gezeigt, dass Instagram bei der Entscheidung der Menschen, wohin sie reisen wollen, eine Rolle spielt. Der Besuch von Orten wie Rottnest Island in Westaustralien und den Lavendelfarmen in Tasmanien hat aufgrund ihrer "Instagram-Fähigkeit" deutlich zugenommen.' "..

3. Flatlays sind dadurch zu einem Phänomen geworden.

Stillleben-Fotografie ist seit langem beliebt, aber der Flatlay-Stil hat sich dank Instagram durchgesetzt. Eine Suche nach dem Hashtag #flatlay auf Instagram ergibt mehr als fünf Millionen Ergebnisse, und wir alle haben diese elegant arrangierten Produktbilder über dem Kopf schon gesehen. Das saubere und visuell angenehme Flatlay eignet sich gut für ein Instagram-Raster, dessen Einfachheit in einem Meer von Selfies hervorsticht. Spezielle Accounts wie @flatlay und @flatlays teilen ihre Favoriten nun mit Zehntausenden von Flatlay-Fans, und eine Fülle von Ratgeberartikeln gibt Tipps, wie man das perfekte Foto macht.

4. Sie hat neue kulinarische Trends hervorgebracht.

Palm Vaults, ein Café im Londoner Szeneviertel Hackney, hat die Idee, ein Maximum an Instagram-Möglichkeiten zu bieten, voll und ganz begriffen. Pflanzen baumeln von der Decke über Marmortischen, auf denen sich pastellfarbene Lattes und blumengeschmücktes Müsli türmen. Es ist der Traum eines jeden Influencers, und durch die Anwerbung von Influencern erhält das Unternehmen eine Menge kostenlose Werbung. Andere Lokale sind diesem Beispiel gefolgt, und obwohl keine offiziellen Zahlen vorliegen, würde ich wetten, dass die Verwendung von Neonschildern, Blumenwänden und rosa Tellern in Restaurants deutlich zugenommen hat. Es gilt die Faustregel, dass Dinge, die auffallen, eher Erfolg haben. Avocado auf Toast ist nicht mehr akzeptabel. Ein paar Beispiele sind Matcha Lattes, mit Holzkohle aktivierte Croissants, Acai Bowls und Regenbogen-Bagel.

5. Es hat ganze soziale Marken hervorgebracht.

Es gibt einige bemerkenswerte Erfolgsgeschichten von Unternehmen, die auf den Instagram-Marketing-Zug aufgesprungen sind. Einige der versiertesten frühen Nutzer von Instagram haben es geschafft, ganze Marken auf der Plattform aufzubauen. Der Uhrenhersteller Daniel Wellington ist ein hervorragendes Beispiel dafür, wie er die Plattform genutzt hat, um sein Produkt anstelle von herkömmlicher Werbung zu bewerben. Die Strategie des Unternehmens, seine Werbegelder zu nutzen, um Influencern Uhren anzubieten, führte zu einer Flut von

Posts, die sich in Verkäufe umsetzten und dazu beitrugen, dass das Unternehmen zwischen 2013 und 2015 zur am schnellsten wachsenden Marke Europas wurde. Ein weiteres Beispiel ist Frank Body, ein Unternehmen, das gemahlenen Kaffee als Körperpeeling anbietet. Es nutzte Influencer strategisch, um für seine Präsenz zu werben, was zu einem Buzz führte, der zu einer weltweiten Beauty-Marke mit 20 Millionen Dollar Umsatz führte.

"Wir sahen eine echte Chance, ein großartiges Produkt über die sozialen Medien auf den Markt zu bringen, mit geringeren Einstiegshürden als je zuvor", so Mitbegründer Jess Hatzis gegenüber Forbes. Ohne unsere Fähigkeit, Plattformen wie Instagram und Facebook zu nutzen, hätten wir nicht das Geschäft, das wir heute haben."

Der Aktivismus wurde mobilisiert.

Instagram hat auch dazu beigetragen, dass würdige Anliegen in den Vordergrund gerückt werden, weil es sich auf Bilder konzentriert und einen direkten Zugang zu Millionen von Menschen bietet. Da Bilder eine so starke Wirkung haben, nutzen viele Aktivisten Instagram als erzählerisches Instrument, um ihre Botschaft zu verbreiten und andere zu ermutigen, sich zu engagieren. Außerdem können einflussreiche Personen direkt mit ihren Fans kommunizieren, wie zum Beispiel Justin Beiber, der auf Instagram seine Unterstützung für die #blacklivesmatter-Kampagne erklärte.

Durch dieses gesteigerte Bewusstsein werden neue Zielgruppen angesprochen. Letztes Jahr wurde die australische #postboxselfie-Kampagne dafür gelobt, die Wähler für die Gleichstellung der Ehe zu mobilisieren. Es war eine angenehme und ermutigende Methode, um mit einem jungen Publikum zu interagieren, das trotz seiner Unterstützung der Gleichstellung der Ehe angeblich nicht wählen wollte, indem es seine Erfahrungen bei der Stimmabgabe mitteilte.

6. Entstehung einer neuen Art von Influencern.

Blogger waren 2010 bereits bekannt, aber Instagram bot ihnen einen Ort, an dem sie schnelle, knappe Updates teilen konnten. Sie konnten mundgerechte Inhalte mit nur einem Bild und einer Bildunterschrift erstellen, die sie häufiger verbreiten konnten, um ihre Fans in häufigere Dialoge zu verwickeln.

Einige nutzten die App, um ihre Blog-Inhalte zu ergänzen, andere verlegten sich ganz auf Instagram, und wieder andere erlangten ihre soziale Popularität ausschließlich durch Instagram. Die App hat wahrscheinlich den Influencer-Trend beschleunigt und einige Personen zu sozialen Berühmtheiten gemacht. Huda Katta, eine Beauty-Influencerin, führte die diesjährige Liste der Instagram-Influencer an. Sie ist exzellent, hat 27,7 Millionen Instagram-Follower und ihre Kosmetiklinie "Huda Beauty", die es ihren Bewunderern ermöglicht, ihren "Insta-perfect"-Look mit Produkten wie der #FauxFilter Foundation nachzuahmen. Chiara Ferrigno, eine Modebloggerin, heiratete Anfang des Jahres in einer spektakulären Zeremonie, zu der zwei Haute-Couture-Kleider von Dior und eine Vogue-Story gehörten. Auch wer noch nicht so bekannt ist, kann heute durch die

Zusammenarbeit mit Marken auf Instagram ein Vermögen verdienen.

Wie Sie sehen können, beeinflusst Instagram die Gesellschaft und verändert die Art und Weise, wie wir uns verbinden, entdecken und an vielen Elementen auf unterschiedliche Weise teilnehmen. Aus Marketingsicht ist es wichtig, sich dieser Entwicklungen bewusst zu sein, um Ihre Instagram-Strategie richtig zu kontextualisieren und um zu verstehen, wie das Wachstum von Instagram die Verbrauchergewohnheiten im Allgemeinen beeinflusst.

Kapitel no.3

Steigern Sie Ihren Einfluss auf Instagram.

Das soziale Netzwerk zum Teilen von Fotos und Videos, Instagram, hat über 300 Millionen täglich aktive Nutzer und 500 Millionen monatliche Nutzer. Instagram wird von Prominenten, Sportlern, Führungskräften und anderen aus allen Bereichen des Lebens genutzt, um Fotos und Videos mit ihren Fans zu teilen. Wenn man eine große Plattform wie Instagram hat, bieten sich viele Möglichkeiten für Marketing und Werbung. Auf Instagram gibt es Tausende von Konten, die für etwas werben und es an eine große Anzahl von Anhängern vermarkten. Aber wie können sie Zehntausende, wenn nicht sogar Millionen von Fans anhäufen? Sie verstehen jedoch ein paar grundlegende Dinge, die auf Instagram getan werden müssen, und veröffentlichen Bilder und Videos. Wenn Sie Ihre Wirkung auf Instagram verstärken wollen, indem Sie Ihr Konto bei mehr Menschen bekannt machen und einen Teil der enormen Fangemeinde von Prominenten gewinnen, finden Sie hier einige Vorschläge, die Ihnen dabei helfen, genau das zu erreichen.

- **Wissen, was man tut.**

Die wichtigste Regel in jeder Art von Unternehmen. Man kann es nicht genug betonen: Sie müssen genau wissen, was Sie tun wollen. "Kenne dein Fachgebiet". Kennen Sie Ihre Instagram-Nische. Wählen Sie ein Thema, identifizieren Sie die potenziellen Zielgruppen, die Sie beeinflussen möchten, und bleiben Sie dabei. Sie werden auf Instagram nicht weit kommen, wenn Sie nicht wissen, wen Sie beeinflussen wollen und wie Sie ihn überhaupt beeinflussen wollen. Wenn Sie nicht gerade eine Berühmtheit sind, wird das einfache Hochladen von Fotos und Mahlzeiten niemanden interessieren. Daher müssen Sie herausfinden, was Ihr Alleinstellungsmerkmal auf Instagram ist, sich darauf konzentrieren und dann das volle Potenzial von Instagram nutzen.

- **Erstellen Sie Material, das einen Doppelklick wert ist.**

Das sollte selbstverständlich sein, denn genau darum geht es bei Instagram: tolle Fotos und Videos, die die Leute teilen wollen. Mit teilbaren Inhalten wird Ihr Einfluss auf Instagram immer größer. Auf Instagram und anderen Social-Media-Plattformen wird großartige Fotografie ständig anerkannt. Machen Sie das Beste aus den Filtern und Bearbeitungsfunktionen von Instagram. Wie die Ergebnisse einer aktuellen Studie zeigen, sind gefilterte Instagram-Bilder beliebter als ungefilterte Fotos und werden eher gesehen und kommentiert als ungefilterte Fotos.

- **Benutzergenerierte Inhalte sollten geteilt werden.**

Das Teilen von nutzergeneriertem Material ist eine clevere Taktik, die sich Instagram-Stars mit Marketingzielen zu eigen machen. Sie durchforsten das Internet nach den besten nutzergenerierten Inhalten über ihren Bereich und stellen sie auf ihren Konten vor. Jeder mag das Rampenlicht, also scheint es für sie gut zu funktionieren. Sie begeistern die Menschen für ihre Unternehmen, indem sie sie ins Rampenlicht stellen. Eine Win-Win-Situation.

- **Regelmäßig posten.**

Der Einfluss in den sozialen Medien beruht nicht nur darauf, dass man einen "guten" Account hat und hochwertige Fotos veröffentlicht. Es reicht nicht aus, wenn Sie eine hohe Anzahl von Followern haben wollen. Es bedarf regelmäßiger Aufmerksamkeit und Beteiligung, und Ihr Einfluss wächst mit der Zeit (wenn Sie genug Zeit und Mühe in den Aufbau von Einfluss investieren). Marken, die regelmäßig auf Instagram posten, haben eine höhere Erfolgswahrscheinlichkeit. Es wäre hilfreich, wenn Sie Ihren Followern einen Grund böten, Sie wahrzunehmen - Ihre Instagram-Fotos sind das, was Sie auszeichnet. Posten Sie also regelmäßig (mindestens einmal täglich), um Ihren Fans zu zeigen, dass Sie jemand sind, der ihre Zeit wert ist.

- **Nutzen Sie Hashtags zu Ihrem Vorteil.**

Instagram-Hashtags sind Ihre größte Hoffnung, neue Follower zu gewinnen. Wenn Sie nicht wissen, wie Hashtags funktionieren, ist es jetzt an der Zeit, dies zu lernen, denn die Wahl der richtigen Hashtags kann die Sichtbarkeit Ihres Instagram-Kontos erheblich beeinflussen. Die Suche nach relevanten Inhalten auf Instagram mithilfe von Hashtags ist vergleichbar mit der Suche nach Schlüsselwörtern in einem Blogartikel. Wenn Sie relevante Hashtags zu Ihren Fotos hinzufügen, werden Ihre Beiträge von Nutzern gesehen, die sich für Ihr Thema interessieren. Da Instagram maximal 30 Hashtags pro Beitrag zulässt, nutzen einige der beliebtesten Konten diese

Beschränkung aus, um mehr Follower zu gewinnen. Gute Hashtags können Ihnen helfen, Ihre Zielgruppe einzugrenzen.

- **Ermutigen Sie Ihr Publikum zum Mitmachen.**

Die Beteiligung der Menschen ist der Grund, warum die sozialen Medien so beliebt sind. Sie wollen daran teilhaben. Es ist auch für Sie von Vorteil, wenn Sie ihnen die Möglichkeit zur Teilnahme geben. Ihre Gemeinschaft wird dadurch wachsen. Bitten Sie Ihr Publikum um Beiträge. Veranstalten Sie einen Fotowettbewerb und stellen Sie Preise zur Verfügung. Die Menschen folgen Ihrer Marke in den sozialen Medien, um von Ihrem Angebot zu profitieren. Stellen Sie in Ihren Bildunterschriften Fragen. Fordern Sie Ihre Fans auf, ihre Freunde zu markieren und Ihre Bilder erneut zu posten. Dies trägt dazu bei, Ihr Netzwerk und Ihren Einfluss zu vergrößern.

- **Führen Sie Gespräche.**

Engage in interactions with your followers to get to know them better and learn what kinds of content they like. Comment on the postings of key influencers in your community and cooperate with them if the opportunity arises. Mention each other in your postings in the same way you would share links in a blog post. You have to know how to follow. Yes, it is correct. Return the favor and engage with your followers by commenting and responding to their posts. This is a fantastic method to stand out in your community and increase your influence. There are shortcuts to building Instagram influence, such as buying views, but you should build gradually if you want to reap long-term benefits.

- **Nutzen Sie die sozialen Medien zur gemeinsamen Werbung.**

Cross-Marketing ist eine hervorragende Technik, um zusätzliche Aufmerksamkeit zu erlangen. Mit Instagram können Sie Ihre Bilder auf Social-Media-Seiten wie Facebook, Twitter und Tumblr veröffentlichen. Sie können damit auch Instagram-Fotos in Ihre Blog-Beiträge einfügen.

- **Behalten Sie die neuesten Entwicklungen im Auge.**

Trends kommen und gehen in den sozialen Medien, die sich ständig verändern. Um am Puls der Zeit zu bleiben, müssen Sie mit den neuesten Trends Schritt halten. Der Hashtag ist eine Modeerscheinung auf Instagram, die immer noch aktuell ist. Gesponserte Instagram-Beiträge werden mit größerer Wahrscheinlichkeit von einer großen Anzahl von Menschen gesehen. Wenn Sie mit den Änderungen der Plattform und den neuen Trends Schritt halten, können Sie Ihre Präsenz in den sozialen Medien zweifellos ausbauen.

- **Nutzen Sie die Analysetools von Instagram.**

Es gibt kostenlose Tools, die Ihnen dabei helfen können, Ihren Einfluss in den sozialen Netzwerken zu ermitteln. Verwenden Sie diese Tools, um Ihre Instagram-Aktivitäten zu verfolgen und Bereiche zu identifizieren, in denen Sie sich verbessern können.

Kapitel no.4

Verwendung von Instagram-Analysetools.

Es gibt kostenlose Tools, die Ihnen dabei helfen können, Ihren Einfluss in den sozialen Netzwerken zu ermitteln. Verwenden Sie diese Tools, um Ihre Instagram-Aktivitäten zu verfolgen und Bereiche zu identifizieren, in denen Sie sich verbessern können. Kurzfristig gesehen ist Instagram die bevorzugte Social-Media-Plattform für Vermarkter. So nutzen 13 Prozent der Weltbevölkerung diese Plattform, und 80 Prozent dieser Menschen folgen Unternehmen auf dieser Plattform. Laut Oberlo beteiligen sich 4,21 Prozent der Verbraucher aktiv an den sozialen Medien, einschließlich Likes, Shares und Kommentaren. 10x Facebook, 54x Pinterest und 84x Twitter - so viel kostet es, ein Unternehmen auf Facebook zu führen. Das Marketingpotenzial von Instagram nimmt trotz seiner beeindruckenden Kennzahlen ab, wie sinkende Engagement-Raten und die Konkurrenz durch neue Marktteilnehmer wie Tiktok zeigen. Aus diesem Grund suchen clevere Vermarkter nach Möglichkeiten, das Engagement auf Instagram trotz spezifischer Herausforderungen zu steigern. Daher diese Liste mit 23 Ideen, um sowohl gesponserte als auch organische Marketingbemühungen auf Kurs zu halten und Ihre Instagram-Marketingtechniken sowohl jetzt als auch in Zukunft zu bewahren. Lassen Sie uns jetzt bitte loslegen.

- Seien Sie beständig in Ihrem Beitrag.

- Halten Sie keine Predigten, sondern teilen Sie Ihre eigenen Erfahrungen mit dem Publikum.
- Bauen Sie eine starke Marke auf.
- Pflegen Sie einen konstanten visuellen Strom.
- Die Verwendung der richtigen Hashtags ist wichtig.
- Achten Sie auf das von Nutzern erstellte Material.
- Probieren Sie alle Video-Optionen von Instagram aus.
- Nutzen Sie die Untertitel und geschlossenen Untertitel in Instagram-Videos.
- Instagram Reels können jetzt aktiviert werden.
- Die AR-Filter von Instagram sind da, um zu bleiben.
- Nutzen Sie die Videoanzeigenoptionen von Instagram zu Ihrem Vorteil.
- Wagen Sie sich an Gifs heran.
- Steigern Sie den Traffic Ihrer Website, indem Sie den Traffic von Instagram nutzen.
- Suchmaschinenoptimierung (SEO) ist der beste Weg, um Instagram zu "gewinnen".
- Markenauthentizität kann durch die Zusammenarbeit mit Mikro-Influencern erreicht werden.
- Es ist auch möglich, einen Instagram-Wettbewerb zu organisieren.
- Steigern Sie die Anzahl der E-Mail-Abonnenten, die Sie über Instagram haben.
- Es ist an der Zeit, sich Instagram Stories zu eigen zu machen.

- Verwenden Sie den Link zu Instagram Stories als Ressource für Ihre Leser.
- Nutzen Sie Emojis in vollem Umfang.
- Stellen Sie sicher, dass Sie Ihren Instagram-Account auch auf anderen Social-Media-Plattformen bekannt machen.
- Setzen Sie CTAs ein, wann immer es möglich ist.
- Verfolgen Sie Ihre erfolgreichsten Instagram-Posts und lernen Sie daraus.

- **Konsequent posten.**

Damit ein Unternehmen erfolgreich sein kann, muss es in den sozialen Medien aktiv sein. Aber wie aktiv sollten Unternehmen sein? Laut Statistik liegt die ideale Anzahl von Beiträgen pro Tag zwischen einem und zwei. So bleibt Ihr Feed frisch und aktuell, und Sie haben mehr Möglichkeiten, Ihre Inhalte zu zeigen. Die algorithmische Zeitleiste von Instagram macht es erforderlich, dass die Nutzer die besten Zeiten für ihre Beiträge kennen. Was die optimale Zeit für die Veröffentlichung ist, hängt davon ab, wen Sie fragen. Für Content-Planer kann die Spanne von 8 bis 9 Uhr für den ersten Beitrag, 14 bis 5 Uhr für den zweiten und sogar 5 Uhr für den dritten Beitrag zu großer Verwirrung führen. Werfen Sie einen Blick auf National Geographic und Fashion Nova. Fashion Nova, ein weltweites Online-Modeunternehmen, veröffentlicht im Durchschnitt 30 Beiträge pro Tag, also fast alle 30 Minuten! Das mag übertrieben erscheinen, aber die 17,3 Millionen Follower der Marke scheinen das nicht so zu sehen. Die Engagement-Rate liegt bei 0,07 Prozent mit so vielen Followern.

National Geographic hingegen verfolgt einen traditionelleren Ansatz und postet 5-7 Mal pro Tag. Mit 135 Millionen Followern ist die Interaktionsrate von 0,24 Prozent ein großer Erfolg.

Was ist die Schlussfolgerung? Zwei sehr erfolgreiche Marken mit zwei sehr unterschiedlichen Marketingtaktiken. Der beste Zeitpunkt oder die beste Menge an Posts auf Instagram hängt von einer Vielzahl von Faktoren ab. Daher gibt es keine einheitliche Antwort. Nutzen Sie die Insights-Funktion Ihres Instagram Business- oder Creator-Kontos, um mehr über die Instagram-Gewohnheiten Ihrer Follower zu erfahren. So können Sie sehen, wann Ihre Fans am aktivsten sind, und Sie können Ihre Beiträge so planen, dass sie immer ganz oben in ihren Feeds erscheinen. Nutzen Sie die integrierten Analysefunktionen von Instagram, um zu sehen, wann und wo Ihre Follower am aktivsten sind, und um weitere Informationen zu erhalten. Ziehen Sie den Einsatz einer Lösung wie Falcons Instagram Publishing and Measurement in Betracht, um Ihre Strategie zur Bereitstellung von Inhalten noch weiter zu optimieren.

- **Nicht predigen - stattdessen Geschichten erzählen.**

Instagram wird von minderwertigen Markenbotschaften überschwemmt, die übersehen, dass die Social-Media-Plattform ein "visuelles Inspirationstool" sein soll. Grafiken, Videos und Texte können Ihr Publikum fesseln, anstatt kommerzielle Botschaften zu predigen. Werden Sie daher zum Geschichtenerzähler und bieten Sie "Mikrogeschichten" über Ihre Beschreibungen, Videos auf

Instagram, Ihr Profil und Ihre Instagram-Stories. Wenn es darum geht, mit anderen in Kontakt zu treten, ist das Geschichtenerzählen eine Methode. Emotionale Verbindungen sorgen dafür, dass Menschen eher bereit sind, Ihr Wissen zu glauben und es mit Gleichgesinnten zu teilen. Das Teilen von nutzergeneriertem Material, das zu Ihrem Unternehmen passt, ist ein Ansatz, um Storytelling-Elemente in Ihre Instagram-Strategie einzubauen. Marken, die längere Bildunterschriften mit Aspekten der Erzählung und Aufrichtigkeit verwenden, werden eher bei ihrer Zielgruppe ankommen. Wenn Sie wortreiche Untertitel verwenden, können Sie auch die Zeit erhöhen, die die Leute mit dem Betrachten Ihres Materials verbringen.

Dank Influencern, die Instagram-Untertitel als Mikroblogs nutzen, sind erweiterte Untertitel zu einer Art Modeerscheinung geworden. In den Worten der Instagram-Influencerin Christina Galbato, die mit Unternehmen wie Revolve, Four Seasons und Olay zusammengearbeitet hat: "Microblogging-Untertitel sind hervorragend, weil sie sehr fesselnd sind." Als Teil einer größeren Bewegung in Richtung Authentizität "verleihen lange Bildunterschriften einer Plattform Glaubwürdigkeit, der oft vorgeworfen wurde, zu oberflächlich zu sein", erklärt die Autorin. Die Marken haben diesen Wandel allmählich begriffen. Nehmen wir zum Beispiel Patagonia. Das Unternehmen für nachhaltige Oberbekleidung ist ein hervorragender Geschichtenerzähler, der auf seinem Instagram-Account eine Fülle von Inhalten über Umwelt, Natur und Outdoor-Sportarten veröffentlicht. Ein weiteres fantastisches Beispiel für eine hervorragende Erzählung ist Airbnb. Die Marke nutzt Geschichten, um ungewöhnliche Gastgeber, Erlebnisse und Reiseziele vorzustellen. Was kann man daraus mitnehmen? Anstatt nur Produktbilder und

Verkaufsargumente zu veröffentlichen, sollten Sie Inhalte bereitstellen, die den Interessen Ihrer Zielgruppe entsprechen oder deren Probleme lösen. Nutzen Sie eine Vielzahl von Inhaltsformaten, darunter Stories, IGTV, Videos, Fotos und Bildunterschriften.

- **Aufbau einer starken Marke.**

Klarheit, Erfindungsreichtum und Konsistenz sind entscheidend für Unternehmen, die ihre Markenpräsenz auf Instagram erhöhen möchten. Eine Methode, die auf Zufall und Unvorhersehbarkeit basiert, ist zum Scheitern verurteilt. Konzentrieren Sie sich auf kritische Bereiche wie das Einrichten Ihres Profils usw., die Entwicklung von Stiltrends, die Ihre Fotos immer wieder neu aussehen lassen, und die Perfektionierung der Verwendung von Hashtags. Um das Engagement und die Loyalität zu erhöhen, sollten Sie regelmäßig mit Ihren Followern in Kontakt treten. Sie können Ihrer Zielgruppe eine positive und konsistente Marke vermitteln, indem Sie Ihre Verfahren und bewährten Markenpraktiken für Instagram festlegen.

- **Optisch einheitlicher Instagram-Feed.**

Die Social-Networking-Plattform Instagram fördert ästhetisch ansprechendes Material durch die Betonung von Grafiken. Das visuelle Material von Instagram wird immer sein wichtigstes Kapital sein, wenn es um soziale Medien geht. Authentischer Ausdruck und eine breite Palette von Perspektiven sprechen die Nutzer von heute an. Filter mit hoher Sättigung und sorgfältig platzierte Avocado-Toasts wurden durch ehrliche Bilder, gedämpfte, erdige Töne und einen zurückhaltenden Bearbeitungsstil ersetzt. Ein häufiger Bearbeitungsstil reduziert die Glanzlichter und hellt die Farben auf, ohne die Farbtöne zu verändern, so dass ein natürlicher Effekt entsteht. Für manche ist auch ein "No-Edit-Schnitt" eine Option. Ein konstanter visueller Feed ist wichtiger als die Einhaltung eines bestimmten Bearbeitungsstils. Laut einer Social-Media-Studie von Web Dam haben sechzig Prozent der erfolgreichsten Instagram-Unternehmen ein einheitliches Erscheinungsbild für alle ihre Beiträge. Ihr Erscheinungsbild sollte mit Ihrer Unternehmensidentität übereinstimmen und Ihre Zielgruppe ansprechen. Verwenden Sie Fotobearbeitungsprogramme wie VSCO Cam und Adobe Lightroom, um eine einheitliche Ästhetik zu erreichen (unabhängig davon, ob Sie eine ausgefeilte Stimmung oder eine unbearbeitete Darstellung anstreben). Apps wie Huji Cam, die absichtlich Körnung und Staub zu Ihren Bildern hinzufügen, können Ihnen ebenfalls einen begehrenswerten Look bieten, der bei der Generation Z sehr beliebt ist.

- **Richtige Hashtags.**

Instagram-Postings mit den richtigen Hashtags können entweder ganz oben im Feed auftauchen oder ganz verschwinden. Ihr Beitrag wird mit Millionen anderer konkurrieren, wenn Sie zu breit gefächerte Hashtags wie #holiday oder #fashion wählen. Der beste Weg, mit Ihrem Publikum in Kontakt zu treten, besteht darin, eine Kombination aus Standard- und branchenspezifischen Hashtags zu verwenden, um den passenden Hashtag zu finden. Nutzen Sie jeden Hashtag zu Ihrem Vorteil. Dieser

Hashtag ist ein Gewinner, wenn Ihr Inhalt mit einem Trending übereinstimmt und wie viele Menschen ihn verwenden. Die Anzahl der Hashtags, die Sie verwenden, ist ebenfalls ein wichtiger Faktor. Doch selbst wenn Sie bis zu 30 Tags in Ihre Beschreibung aufnehmen, könnte dies ungezielt und amateurhaft wirken. Manche Leute glauben, dass Beiträge mit mehr als 11 Hashtags auf Social-Media-Plattformen die meiste Aufmerksamkeit erregen. Durch das Hinzufügen eines Hashtags kann das Engagement Ihres Beitrags um bis zu 12,6 % gesteigert werden. Wenn Sie herausfinden möchten, wie viele Hashtags Ihre Konkurrenten und Brancheneinflussnehmer verwenden, sollten Sie sich ansehen, wie viele Hashtags sie normalerweise verwenden, und mit verschiedenen Hashtag-Volumina experimentieren, um Ihren Sweet Spot zu finden. Vermeiden Sie "spammiges" Verhalten, indem Sie die Anzahl und Art der Hashtags, die Sie in Ihren Beiträgen verwenden, variieren.

Vergewissern Sie sich auch, dass die von Ihnen gewählten Hashtags genau das sind, was sie zu sein scheinen. Einige Unternehmen sind in eine unangenehme Lage geraten, nachdem sie versehentlich Hashtags verwendet haben, die zu bestimmten Internet-Subkulturen und -Communities gehörten. Zu einem guten Instagram-Marketingkonzept gehört häufig auch ein markengeschützter Hashtag. Ein allgemeiner Marken-Hashtag ist der beste Startpunkt. Er sollte kurz und einprägsam sein und einen Teil Ihres Markennamens enthalten. Denken Sie an #FrankEffect von Frank Body oder #ColourPopMe von Color Pop Cosmetics. Ein markengeschützter Hashtag kann Ihnen dabei helfen, die

Sichtbarkeit Ihrer Inhalte zu erhöhen, Besucher auf Ihr Profil zu locken und eine stärkere Gemeinschaft rund um Ihr Unternehmen aufzubauen. Ihr Material wird mit Hilfe dieses Tools leichter zu finden und zu verfolgen sein. Fügen Sie den Hashtag in Ihre Biografie ein, damit jeder, der Ihr Profil aufruft, ihn sehen kann. Jeder kann mehrere Hashtags verwenden. Verwenden Sie Hashtags, um eine Kampagne oder ein Gewinnspiel zu bewerben, Markenbotschafter hervorzuheben oder nutzergenerierte Inhalte zu fördern. Nehmen Sie zum Beispiel die Athleisure-Marke Athleta. Das Unternehmen wählte den Hashtag #PowerofShe, weil er zu seinem Ziel passt, Frauen zu stärken.

- **Fokus auf nutzergenerierte Inhalte.**

Für Vermarkter sind nutzergenerierte Inhalte auf Instagram der heilige Gral. Da das Material von Ihrem Publikum entwickelt und autorisiert wird, ermöglicht es den Followern, sich intensiver mit einem Unternehmen zu beschäftigen und gleichzeitig die Marketingausgaben zu senken.

Die erfolgreichsten Projekte mit nutzergenerierten Inhalten haben sich dieser Methode bedient. Der #RedCupContest von Starbucks ist beispielsweise ein hervorragendes Beispiel dafür, wie man Follower zu Markenbotschaftern macht. Bei dieser Aktion, die jedes Jahr im Dezember stattfindet, werden die Fans aufgefordert, fantasievolle Bilder der berühmten roten Weihnachtstasse von Starbucks einzusenden. Bis heute hat der Hashtag 37.000 Einträge erhalten, man kann also mit Sicherheit sagen, dass er ein Erfolg ist.

- Vollständige Auswahl an Instagram-Videoformaten.

Ein Video hingegen sagt mehr als 1,8 Millionen Worte. Trotz der Skepsis der Shakespeare-Anhänger gibt es keinen Zweifel an der Beliebtheit und Nützlichkeit von Internet-Videoinhalten. Für Vermarkter stehen auf Instagram mehrere Videooptionen zur Auswahl. Für lange Geschichten eignen sich 60-Sekunden-Filme, die mit Instagram Stories kombiniert werden können, sowie Kurzformate wie Vine und Instagram Live. Ziehen Sie in Erwägung, die Live-Video-Option von Instagram Stories für Fragen und Antworten oder große Enthüllungen über neue Produkte oder Dienstleistungen zu nutzen. Alternativ können Sie auch eine vorab aufgezeichnete Werbung nutzen, um das Engagement auf Instagram zu steigern und Ihren Fans authentische Geschichten hinter den Kulissen zu bieten.

Heutzutage sind Instagram Reels der hellste Stern auf der Plattform. Wenn Sie noch nicht damit angefangen haben, finden Sie hier eine Anleitung, die Ihnen den Einstieg erleichtert. Vergessen Sie nicht, sich auch IGTV anzusehen. Auch wenn einige Experten zu dem Schluss gekommen sind, dass dieses Merkmal ausstirbt, könnte dies verfrüht sein. Das Ziel von Instagram war es, IGTV zu einem Ort zu machen, an dem lange Videoinhalte zu finden sind. Trotzdem sagen 72 Prozent der Unternehmen, dass sie nicht die Absicht haben, 2019 IGTV-Inhalte zu produzieren. Für Vermarkter stellt dies sowohl eine

Schwierigkeit als auch eine Chance dar. Sie werden in einer einzigartigen, mobilfreundlichen Struktur arbeiten, die ideal für langes Material wie Featurettes und Interviews ist. Nehmen wir als Beispiel das Imperial College. Die in London ansässige Universität nutzt IGTV, um potenzielle Studenten anzulocken, indem sie ansprechende Inhalte veröffentlicht, z. B. ein Video, das die uralte Frage beantwortet: "Wie viel geben Studenten für Kaffee aus?"

- Verwendung von Instagram-Videountertiteln und Untertiteln.

Nach Angaben von Instagram werden 60 % der Stories mit Ton angesehen, die restlichen 40 % werden stumm angesehen. Mit der zunehmenden Dominanz von Videos im Online-Bereich ist Audio zu einem Bürger zweiter Klasse geworden, und viele Nutzer entscheiden sich dafür, Videos ohne Ton anzusehen. Aus diesem Grund sind Untertitel für Vermarkter so wichtig geworden, da sie es ermöglichen, grundlegende Botschaften mit Bildern auf dem Bildschirm zu vermitteln. Für Facebook (die Muttergesellschaft von Instagram) verbessert das Hinzufügen von Untertiteln zu Videos die Videoaufrufe um 12 %. Die Erfolgsquote ist von 18 % bei eingeschaltetem Ton und ohne Untertitel auf 82 % gestiegen. In einer anderen Umfrage gaben 81 % der Befragten an, dass Untertitel sie dazu ermutigen würden, sich den ganzen Film anzusehen. Sie können entweder eine eigene Untertiteldatei erstellen oder ein Video mit automatischen Untertiteln auf Facebook produzieren, das Sie speichern und auf Instagram veröffentlichen können (achten Sie jedoch darauf, die Untertitel auf Probleme zu überprüfen). Hier erfährst du mehr darüber, wie du Untertitel hinzufügen kannst. Obwohl niemand die Macht von Untertiteln leugnen kann, um die Aufmerksamkeit zu erregen, sind sie derzeit nicht in den Best Practices von Instagram für Stories enthalten. Die meisten Geschichten werden immer noch mit eingeschaltetem Ton angesehen. Und wenn ein Nutzer einmal den Ton für ein Video eingeschaltet hat, bleibt er so lange an, bis er ihn wieder ausschaltet, daher ist es wichtig, in guten Ton zu investieren.

- Aktivieren Sie Instagram Reels.

Haben Sie Instagram Reels für Videoinhalte genutzt? Im letzten Jahr hat diese Videofunktion auf Instagram sehr an Popularität gewonnen. Ihre Marke kann die 30-sekündigen Schnipsel von TikTok nutzen, um mit der Community in Kontakt zu treten. Mit kreativen Tools und Musik können Sie Ihr Video zu einer Instagram-Sensation machen. Lassen Sie Ihrer Kreativität freien Lauf und nutzen Sie Instagram Reals, um die Authentizität Ihrer Marke zu zeigen. Eine Idee ist es, den Menschen auf kreative Weise zu zeigen, was hinter verschlossenen Türen vor sich geht. Ihr Unternehmen kann Instagram Reels nutzen, um alles zu präsentieren, von kurzen Anleitungen über die Vorstellung Ihrer Mitarbeiter bis hin zu Teaser-Produktvideos. GoPro nutzt diese Funktion vorbildlich, um ästhetisch ansprechendes, von Nutzern erstelltes Material zu zeigen. Mit der Einführung von Reel Ads auf Instagram steht Ihnen nun ein neues Tool zur Verfügung, mit dem Sie Ihr Publikum erreichen und ansprechen können.

- **Nutzen Sie die AR-Filter von Instagram.**

Mit dem Spark AR Studio von Instagram konnte jeder seine eigenen AR-Filter entwerfen. Seitdem hat Augmented Reality die App erobert, und einige der besten Filter wurden über eine Milliarde Mal angesehen. Mit der wachsenden Beliebtheit von AR-Filtern bei jüngeren Nutzern wächst der Sektor weiterhin in beeindruckendem Tempo, und viele Unternehmen wollen ihre eigenen Filter entwickeln. NARS Cosmetics zum Beispiel hat eine Reihe von Filtern entwickelt, mit denen Nutzer verschiedene Lippenstiftfarben virtuell anprobieren können.

Die AR-Filter von Instagram sind in letzter Zeit über das Hinzufügen von Effekten zu Ihrem Gesicht hinausgegangen. Bei den beliebtesten AR-Filtern geht es derzeit um Farbkorrekturen und Videoverbesserungen. So wie Sie einem Foto einen Filter hinzufügen können, können Sie auch Ihre Filme mit einem AR-Filter verschönern. Erstellen Sie AR-Videoeffekte, damit Ihre Follower Ihre Waren erleben oder Ihren visuellen Stil als Marke nachahmen können.

- **Nutzen Sie die Vorteile der Videoanzeigenformate von Instagram.**

75 % der Instagram-Nutzer geben an, dass sie, nachdem sie von einem Beitrag berührt wurden, Aktivitäten wie den Besuch von Websites, die Suche oder die Benachrichtigung eines Freundes unternehmen, weshalb es wichtig ist, die verschiedenen Werbeformen der Plattform zu kennen. Während Fotoanzeigen nach wie vor eine Hauptstütze der Plattform sind, sind Instagram-Videoformate zunehmend hilfreich, um ein bestimmtes

Publikum anzusprechen. Die Website bietet einige wichtige Videoformate für den Aufbau von Instagram-Werbung: Einzelne Videowerbung ermöglicht die Erstellung von bis zu 60-sekündigen Anzeigen. Instagram Stories bietet ein vertikales, bildschirmfüllendes Format, in dem Fotos und Videos zu optisch ansprechenden Anzeigen zusammengefügt werden können. Im Gegensatz dazu bieten Karussells zusätzliche Werbefläche, indem sie es Followern ermöglichen, durch Wischen neue Bilder oder Videos zu sehen. Mit diesen Schritten erfahren Sie, wie Sie Ihr Unternehmen auf Instagram mit Videoanzeigen vermarkten können.

- **Gib GIFs eine Chance.**

Da Untersuchungen zeigen, dass die Zuschauer sich eher Videos ansehen, die 15 Sekunden oder weniger bis zum Ende dauern, sollten Marketingteams wissen, wie man ein GIF erstellt und weitergibt.

Das GIF-Format, das 2017 sein 30-jähriges Bestehen feiert, ist attraktiver als Bilder - GIFs werden häufiger geteilt als JPEGs oder PNGs und sind weniger teuer und zeitaufwändig als die Erstellung von Filmen. Es ist auch das Medium, das Instagram dazu veranlasst hat, seine eigene Version des GIFs zu entwickeln, den Boomerang, der eine kurze Serie von Bildern aufnimmt, bevor er sie kombiniert und in einer Schleife hin und her schiebt, um sie auf Instagram hochzuladen. Diese Videos sind zweifelsohne ein GIF, das immer wieder auftaucht, denn heute gibt es über 1 Milliarde GIFs.

- **Nutzen Sie den Instagram-Verkehr, um den Website-Verkehr zu erhöhen.**

Ein einziger klickbarer Link in Ihrer Bio auf Instagram kann Ihnen helfen, mehr Besucher auf Ihre Website zu bringen. Um Ihre Follower dazu zu bringen, auf Ihren Link zu klicken, sollten Sie einzigartige Angebote und Aktionen nutzen, um den Wert des Links zu erhöhen. Die URL Ihrer Website sollte in einem Text-Overlay auf allen Fotos oder Videos enthalten sein, die starke Handlungsaufforderungen enthalten. Wenn Sie mehr als 10.000 Follower haben, können Sie in Ihren Instagram-Stories einen "Swipe Up"-CTA verwenden. Denken Sie daran, dass alle Instagram-Anzeigenformate einen Call-to-Action-Button enthalten, über den Ihre Follower auf Ihre Website gelangen können. Arbeiten Sie mit Influencern zusammen, um Ihre URL in ihrem Material zu bewerben, wenn Sie mit ihnen zusammengearbeitet haben. Und schließlich sollten Sie mithilfe von Analysesoftware herausfinden, welche Instagram-Posts Besucher auf Ihre Website führen, damit Sie Ihre Strategie optimieren können.

- **Nutzen Sie SEO, um Instagram zu 'gewinnen'.**

Eine SEO-Strategie für Ihr Instagram-Konto ist auf dem heutigen wettbewerbsintensiven Markt unerlässlich. Die Suchmaschinenoptimierung wird stark durch den Namen und das Handle Ihres Kontos beeinflusst. Es ist wichtig, einen "@"-Namen zu wählen, der die Art Ihres Unternehmens widerspiegelt. Versuchen Sie, Ihre Nachricht kurz und unterhaltsam zu halten. Ihr Kontoname, der unter Ihrem Profilbild angezeigt wird und mit Ihrem Kontohandle und Ihrer Branche übereinstimmen sollte, ist ein weiterer Punkt, den Sie bei der Einrichtung Ihres Kontos berücksichtigen sollten. Wenn Nutzer auf Instagram nach Wörtern oder Emojis suchen, vergleicht Instagram den Namen Ihres Kontos mit den eingegebenen Suchbegriffen. Geben Sie Ihre Branche oder einen Begriff, der mit Ihrem Unternehmen in Verbindung steht, in das Feld "Name" ein, um das Beste aus dieser Funktion herauszuholen. Sie müssen sich Begriffe ausdenken, die Instagram-Nutzer in das Suchfeld eingeben würden. Erfahren Sie, wie Sie SEO-freundliche Instagram-Benutzernamen und Handle-Namen erstellen und verbessern können, indem Sie unseren vollständigen Beitrag hier lesen. Soziale Medien und SEO verstärken sich gegenseitig. Ihre SEO-Rankings können durch soziale Signale (wie Likes, Shares und Kommentare) beeinflusst werden, stellen Sie also sicher, dass Ihr Profil auch für die Kanalsuche optimiert ist. Google hat zwar nicht bestätigt, dass soziale Signale eine Rolle in seinem Ranking-Algorithmus spielen, aber Studien haben einen starken Zusammenhang zwischen sozialem Engagement und Google-Rankings festgestellt.

- **Partnerschaften mit Mikro-Influencern.**

Instagram-Influencer-Marketing ist immer beliebter geworden und ermöglicht es Marken, mit bedeutenden

Vordenkern ihrer Branche zusammenzuarbeiten und ein größeres Publikum zu erreichen. Da Influencer als "unabhängig" wahrgenommen werden, kann die Assoziation Ihres Unternehmens mit ihrer maßgeblichen Stimme Ihre eigentliche Botschaft untermauern. Die Auswahl des richtigen Influencers ist jedoch nicht immer einfach. Wenn es darum geht, mit einem Prominenten zusammenzuarbeiten, konzentrieren sich viele Vermarkter eher auf das Image des Prominenten als auf den Wert, den er für das Unternehmen hat. Es muss ein Influencer-Plan erstellt werden, der eine kurze Testphase beinhaltet, um zu sehen, wie gut das Netzwerk der Follower des Influencers auf die Botschaft Ihrer Marke reagiert. Die Pepsi-Werbung mit Kendall Jenner löste Kritik aus, da sie versuchte, aus sozialen Anliegen wie Black Lives Matter Kapital zu schlagen. Mit ihrer riesigen Fangemeinde war Kendall Jenner die perfekte Wahl, um eine Kampagne zu leiten, die bereits weithin als unauthentisch und als Vereinnahmung des Anliegens von Black Lives Matter verspottet worden war. Die Verbraucher sind zunehmend abgestumpft gegenüber traditioneller Werbung, haben ein ausgeprägtes Bewusstsein für soziale Fragen und verfügen über fein kalibrierte BS-Filter, die die Authentizität von Marken zu einem Muss machen.

Anstatt auf bekannte Marken zu setzen, kann die Zusammenarbeit mit Mikro-Influencern der Schlüssel zum Aufbau einer authentischen Marke sein. Micro-Influencer sind oft günstiger, haben eine engere Beziehung zu ihren Followern und sind authentischer. Im Vergleich zu den durchschnittlichen 1,7 Prozent von Makro-Influencern haben Mikro-Influencer regelmäßig exzellente

Engagement-Raten von etwa 2-3 Prozent. Sand Cloud ist ein hervorragendes Beispiel dafür, wie Micro-Influencer Ihnen helfen können, eine echte Marke zu schaffen. Micro-Influencer und normale Kunden dienen als Markenbotschafter für das Strandtuch-Unternehmen, das fast sein gesamtes Material von seinen Followern erhält. Die Taktik funktioniert, denn die Marke hat inzwischen 775.000 Instagram-Follower und einen Umsatz von über 20 Millionen Dollar. Denken Sie daran, Ihren Influencern die Tools, Ressourcen und Anweisungen zur Verfügung zu stellen, die sie benötigen, um ihre Position effektiv auszufüllen und als echte Partner mit Ihnen an der Kampagne zusammenzuarbeiten.

- **Veranstalten Sie einen Instagram-Wettbewerb.**

Auf Instagram sind Wettbewerbe eine hervorragende Taktik, da sie deutlich mehr Engagement erzeugen als normale Posts. Auf Instagram ist das Giveaway ein beliebter Wettbewerbstyp. Die Teilnehmer müssen Ihrem Konto folgen, um an dem Gewinnspiel teilzunehmen, den Beitrag mögen und ihre Freunde in dem Beitrag markieren. Wenn das Gewinnspiel richtig gemacht wird, kann es ein praktischer Ansatz sein, um das Engagement und die Markenpräsenz zu erhöhen. Von der Partnerschaft mit einem anderen Unternehmen, um die Bekanntheit zu erhöhen, über die Festlegung von Wettbewerbsregeln und -zielen - wie z. B. "Mitmachen, um zu gewinnen", "Gefällt mir, um zu gewinnen" oder "Folgen, um zu gewinnen" - bis hin zur Erstellung eines aufmerksamkeitsstarken Wettbewerbsbeitrags - die Durchführung eines Instagram-Wettbewerbs erfordert Voraussicht. Sobald Sie bereit sind, planen Sie, wie Sie das Gewinnspiel bewerben werden, einschließlich E-Mail-Blasts, Website-Banner, Social Media-Plugs und mehr. Es ist eine Herausforderung, den Wettbewerb im Auge zu behalten, nachdem er gestartet ist. Um den Erfolg Ihres Wettbewerbs zu verfolgen, verwenden Sie Hashtags, Google Alerts und Social-Media-Management-Dienste. Teilen Sie nach Abschluss des Wettbewerbs die Ergebnisse in den sozialen Medien.

- **Instagram-Follower in E-Mail-Abonnenten umwandeln.**

Für intensive Kundenbeziehungen ist die E-Mail nach wie vor das Mittel der Wahl. Aus diesem Grund versuchen Vermarkter, Instagram-Follower in E-Mail-Abonnenten umzuwandeln, indem sie drei einfache Schritte befolgen, um effektives Instagram-E-Mail-Marketing zu betreiben. Zunächst sollten Sie, je nach Zielgruppe, einen klickbaren Anreiz in Ihre Instagram-Postings einbauen. Ziehen Sie zum Beispiel eine Belohnung, kostenloses Material oder einen Rabatt in Betracht, um die Teilnahme zu fördern. Sobald die Zielgruppe die Landing Page besucht hat, stellen Sie sicher, dass der Aufruf zum Handeln zu einem E-Mail-Anmeldeformular führt. Drittens: Erstellen Sie eine Mailing-Liste, um Ihre neuen E-Mail-Abonnenten zu organisieren, damit Sie anfangen können, sinnvollere Beziehungen zu ihnen aufzubauen.

- **Umfassen Sie Instagram Stories.**

Instagram Stories sind mit mehr als 500 Millionen täglichen Nutzern die beliebteste Funktion des Netzwerks. Es gibt sogar Gerüchte, dass Instagram Stories die Hauptfunktion übernehmen und möglicherweise sogar den Haupt-Feed verdrängen wird. Mit Stories können Sie eine Collage aus Fotos und Bildern in einem einzigen Beitrag erstellen, der nach 24 Stunden gelöscht wird. Ihre Reichweite und Interaktion wird viel länger anhalten, was die Wahrscheinlichkeit erhöht, dass Sie im Explore-Bereich angezeigt werden und neue Fans gewinnen.

Ihre Marke wirkt authentischer und zugänglicher, wenn Sie Anekdoten verwenden, um ein Gefühl der Dringlichkeit zu vermitteln, das Ihr Publikum dazu verleitet, sich erneut mit Ihnen zu beschäftigen. Aufgezeichnete Geschichten eignen sich gut für eine ausführliche Berichterstattung über Ihre Artikel, einmaliges Schnellfeuer-Marketing oder das Teilen von Erzählungen. Im Gegensatz dazu sind Live-Geschichten ideal, um Menschen in den Bann zu ziehen, weil sie im Moment passieren. Einige der besten Geschichten nutzen den "FOMO"-Effekt, indem sie einen kleinen Vorgeschmack bieten oder interaktive Komponenten und fantasievolles Storytelling beinhalten, um die Zuschauer zu fesseln. Ein solides Audioerlebnis ist für Ihr Publikum unerlässlich, da 60 % der Instagram-Stories mit Ton angeschaut werden.

- **Einen Link zu Instagram Stories hinzufügen.**

Diese Funktion war bisher ausschließlich verifizierten Instagram-Kontoinhabern vorbehalten, wurde aber jetzt auch für Unternehmen mit mindestens 10.000 Followern zugänglich gemacht. Wenn Sie auf Instagram posten, fügen Sie einfach einen Link in die Bildunterschrift ein. Klicken Sie auf das Link-Symbol in der oberen rechten Ecke. Geben Sie den Link ein, führen Sie eine kurze Vorschau durch, um sicherzustellen, dass alles in Ordnung ist, und klicken Sie dann auf "Fertig". Vergessen Sie nicht, eine Aufforderung zum Handeln (CTA) in Ihre Geschichte einzubauen, damit die Nutzer wissen, was sie mit dem Wischen erreichen wollen. Das mag als einfache Lösung erscheinen, ist aber entscheidend für die Steigerung des Instagram-Traffics auf Ihrer Website.

- **Effektive Verwendung von Emojis.**

Emojis, insbesondere auf Instagram, haben die Macht von Bildern über Worte. Bei Tausenden (und immer mehr) von Emoticons, aus denen Sie wählen können, ist es wichtig, eine Emoji-Strategie zu entwickeln, die Ihre Identität einfängt, ohne zu lässig zu wirken. Richtig eingesetzt, können Emojis Ihrem Unternehmen Persönlichkeit und Spaß verleihen und Ihnen dabei helfen, eine stärkere emotionale Bindung zu Ihrem Publikum aufzubauen. Emojis sind bei Millennials und der Generation Z so üblich, dass sie Texte sehen. Ohne sie als "kalt."

Prüfen Sie zunächst, ob Emojis zu Ihrem Unternehmen passen - wenn Sie beispielsweise finanzielle Hilfe anbieten, sind sie dann angemessen? Überprüfen Sie zweitens, ob Sie ihre Bedeutung verstehen, um sicherzustellen, dass Sie sie richtig einsetzen, und entscheiden Sie, wie viele und wie oft Sie sie verwenden sollten, um das Engagement auf Instagram zu steigern. Schließlich sollten Sie bedenken, dass Emojis die Meinung Ihrer Follower über Ihre Beiträge widerspiegeln. Halten Sie also Ausschau nach Emojis, die Sie als Stimmungsindikatoren im Kommentarbereich verwenden können.

- **Werben Sie für Ihren Instagram-Kanal.**

Machen Sie Ihr Instagram-Konto so vielen Menschen wie möglich bekannt. Machen Sie z. B. einen Beitrag auf Facebook, in dem Sie für Ihr Instagram-Konto werben, mit einem Link zu Ihrem Instagram-Profil. Es ist möglich, die automatischen Veröffentlichungs- und Cross-Promotion-Tools von Instagram zu nutzen. Mit den Cross-Promotion-Funktionen von Instagram können Sie Beiträge direkt auf anderen Social Media-Plattformen wie Facebook, Twitter und Tumblr veröffentlichen. Denken Sie daran, dass Sie, wenn Sie alle Ihre Instagram-Posts auf anderen Social-Media-Plattformen veröffentlichen, Gefahr laufen, Ihr Material zu "kannibalisieren" und Ihre Follower gar nicht erst dazu zu bringen, Ihren Instagram-Kanal zu besuchen.

- **CTAs hinzufügen, überall.**

Ihre Instagram-Werbung mag eine Menge Likes haben, aber stellen Sie sicher, dass all diese Liebe irgendwo hinführt, indem Sie einen soliden Instagram-Aufruf zum Handeln implementieren. Dieser kann zwar in Ihr Profil, Ihre Fotos oder Ihre Bildunterschriften integriert werden, aber die Verwendung der offiziellen CTA-Schaltflächen, die Instagram Unternehmen zur Verfügung stellt, ist der direkteste Ansatz, um die Interaktionsraten zu erhöhen und die Follower in eine bestimmte Richtung zu lenken. Diese Schaltflächen werden unter Ihrem Artikel angezeigt und eignen sich hervorragend, um schnelle, aussagekräftige CTAs wie "Mehr erfahren" und "Jetzt anrufen" zu senden, die die Aufmerksamkeit Ihrer Follower erregen.

- **Lernen Sie von Ihren erfolgreichsten Inhalten.**

Lernen Sie die "Inhaltsformel" zur Steigerung Ihrer Instagram-Beteiligungsraten und wenden Sie sie auf Ihre Instagram-Marketingstrategie an. Es gibt verschiedene Methoden, um dies zu tun, einschließlich der Suche nach den effektivsten Hashtags und Grafikstilen und dem Erlernen der idealen Zeitpunkte für die Veröffentlichung. Auf diese Weise können Sie optimale Verfahren für Ihre Marke entwickeln. Erwägen Sie auch den Einsatz von Falcon, einer Software zur Verwaltung sozialer Medien. Social Listening und Analysen helfen bei der Verfeinerung Ihres Marketingplans und der Steigerung des Engagements auf Instagram.

Und unser letzter Bonus-Tipp?

Erkennen Sie, dass Ihr Instagram-Abenteuer noch nicht zu Ende ist. Betrachten Sie Ihre Instagram-Seite als ein Unternehmen, das sich ständig verändert und die Beziehungen zu seinen Followern vertieft. Es ist möglich, im Jahr 2021 das Beste aus Ihrem Instagram-Kanal herauszuholen, wenn Sie diese 23 Best Practices für Instagram befolgen. Sie können das Instagram-Engagement verbessern und dafür sorgen, dass die Likes, Shares und

Kommentare fließen, egal wie sich das Netzwerk entwickelt.

Kapitel no.5

Ein erfolgreicher Instagram-Influencer werden.

Für Influencer ist es klar, dass Instagram nicht mehr die gleiche Plattform ist wie früher. Ein schönes Bild mit einer Drei-Wort-Beschreibung zu teilen und ein massives Wachstum zu erzielen, gehört der Vergangenheit an. Man geht davon aus, dass die Influencer-Marketing-Branche bis 2022 auf 15 Milliarden Dollar anwachsen wird, was bedeutet, dass ehrgeizige Künstler immer noch ein Vermögen machen können, wenn sie die richtigen Tools und Strategien haben. Christina Galbato, eine Social-Media-Strategin, gibt ihre besten Tipps, um im Jahr 2021 ein bedeutender Instagram-Influencer zu sein:

Instagram-Influencer im Jahr 2021.

Ein massives Instagram-Wachstum wird im Jahr 2021 eine größere Herausforderung darstellen, aber es ist zu diesem Zeitpunkt nicht unmöglich. Man braucht keine Millionen von Followern, um bedeutende Markenpartnerschaften mit Nano- und Micro-Influencern zu erreichen. Da der Bericht von Later x Fohr zeigt, dass Nano- und Micro-Influencer die höchste durchschnittliche Engagement-Rate haben, können wir daraus schließen, dass dies wahr ist. Wenn es darum geht, Ihre Arbeit als Influencer auszubauen, finden Sie hier acht Tipps:

1. Bestimmen Sie Ihre Nische sowie die inhaltlichen Säulen, die diese unterstützen sollen.

2. Seien Sie konsistent

3. Schreiben Sie aussagekräftige Überschriften

4. Beherrschen Sie kurze Videoinhalte

5. Betonen Sie den Aufbau einer Gemeinschaft.

6. Lernen Sie Ihr Publikum kennen

7. Vergewissern Sie sich, dass Ihr Lebenslauf und Ihr Profil auf dem neuesten Stand sind.

8. Stärken Sie Ihr Netzwerk und perfektionieren Sie Ihren Markenauftritt.

Von diesen Methoden können Sie profitieren, egal ob Sie gerade erst als Instagram-Influencer anfangen oder bereits Tausende von Followern haben:

- Fördern Sie die Teilnahme an der Gemeinschaft, indem Sie links und rechts Partnerschaften eingehen
- Erweitern Sie Ihr Influencer-Netzwerk.

Mit dem kostenlosen Visual Planner von Latter, der jetzt auch auf dem Handy verfügbar ist, können Sie Ihre Instagram-Posts in der Vorschau anzeigen, bevor Sie sie veröffentlichen. Die Perfektion des Instagram-Feeds ist nur ein paar Schritte entfernt!

Identifizieren Sie Ihre Nische und Ihre Inhaltssäulen.

Inhalte, die zu Beginn spezifischer und gezielter sind, helfen Ihnen, eine Anhängerschaft aufzubauen, die Ihrer Arbeit vertraut und sie mag. Und warum? Es ist besser, ein Experte in einigen wenigen Nischen zu sein, als ein Generalist. Aufgrund unserer vielen Interessen kann es schwierig sein, nur ein oder zwei Themen auszuwählen, über die wir schreiben wollen. Sie können Ihren Fokus eingrenzen, indem Sie die folgenden Fragen stellen:

- Was liegt mir am meisten am Herzen?
- - Wovon weiß ich am meisten?
- - Wofür könnte ich mit Freude Inhalte erstellen, wenn ich nicht dafür bezahlen müsste?

Sie können sich auf 3 bis 5 Unterthemen konzentrieren, für die Sie kontinuierlich Inhalte erstellen, sobald Sie Ihr übergreifendes Spezialgebiet definiert haben. Urlaubstipps, Lifestyle und Einblicke in die sozialen Medien könnten die inhaltlichen Säulen für einen Reiseblogger sein. Persönliches Wohlbefinden, Unternehmertum und bewusstes Leben könnten Ihre inhaltlichen Eckpfeiler sein. Die Entwicklung von Instagram-Inhalten wird viel einfacher sein, wenn Sie diese Säulen geschaffen haben. Sie können dann auch einen monatlichen Inhaltskalender erstellen, ohne sich in letzter Minute durchzuwühlen!

Master Short-Form Video und Post Reels.

Mit der Entwicklung von Tik-Tok und der Einführung von Instagram Reels hat die Popularität von Kurzvideos im letzten Jahr zugenommen. Die Beherrschung von Kurzvideos und das kontinuierliche Posten von Reels auf

Instagram kann zu einem enormen Wachstum und Engagement führen. Hier sind einige hilfreiche Tipps:

1. Fangen Sie einfach an. Viele Produzenten, die ihr ganzes Leben damit verbracht haben, Fotos für die sozialen Medien zu machen, fühlen sich durch den Druck, sich mit Kurzvideos vertraut zu machen, vielleicht abgeschreckt. Anfangs wird Ihre Arbeit nicht "perfekt" sein, aber mit der Erfahrung werden Sie Ihren Groove entdecken und den Prozess genießen.

2. Forschung. Verbringen Sie 15 Minuten pro Tag damit, zu analysieren, was andere machen, um überzeugende Reels zu erstellen. So bleiben Sie über beliebte Videos auf dem Laufenden und lassen sich von den Videos anderer in Ihrer Branche inspirieren.

3. Stellen Sie sicher, dass Ihre Reels einen Zweck haben. Jedes Video, das Sie veröffentlichen, sollte lehrreich und inspirierend sein und einen Bezug zu Ihrem Fachgebiet haben.

4. Verwenden Sie einen Aufhänger, um das Paket zu öffnen. Die besten Ergebnisse erzielen Sie, wenn Sie Ihre Reels mit einer Art Aufhänger beginnen, um die Rolle zu stoppen. Es gibt verschiedene Methoden, dies zu erreichen. Verwenden Sie zunächst einen visuellen Köder, z. B. einen leuchtenden Lippenstift oder ein gemustertes Outfit. Zweitens können Sie mit Worten die Aufmerksamkeit auf das Problem oder Bedürfnis Ihrer Zielgruppe lenken. Wenn Sie beispielsweise ein Mode-Influencer sind, könnte die erste Textzeile lauten: "6 Möglichkeiten, ein weißes Hemd für den Frühling zu stylen". Drittens können Sie mit einer

Bewegung beginnen, z. B. indem Sie in die Kamera springen oder ihr zuwinken.

5. Erstellen Sie eine Reihe von Reels. Da Reels für den Algorithmus von Instagram so wichtig sind, hilft das regelmäßige Hochladen von Reels Ihrem Konto und allen Ihren Inhalten, besser abzuschneiden. Stapeln Sie Ihre Reels im Voraus für die folgende Woche, um die Konsistenz zu wahren!

TIPP: Erstellen Sie eine Tabelle mit all Ihren Ideen, wählen Sie 5-7 aus, die Sie in der nächsten Woche hochladen, und filmen Sie sie alle an einem Tag.

Konsequent sein.

In der Vergangenheit war es möglich, häufig zu veröffentlichen und trotzdem ein stetiges Wachstum zu erzielen. Aber im Jahr 2021 werden die Dinge anders liegen. Sie müssen konsequent sein, um auf Instagram zu wachsen und ein hohes Profil bei Ihren Followern zu erhalten. Halten Sie sich an einen Zeitplan für Ihre Feed-Postings, und Ihr Publikum wird wissen, wann es neue Inhalte von Ihnen erwarten kann. Bemühen Sie sich auch darum, jeden Tag Instagram Stories zu veröffentlichen. Ja, jeden einzelnen Tag.

Instagram Stories werden immer wichtiger, da die Menschen mehr Zeit damit verbringen, Stories anzusehen, als ihre Feeds zu lesen. Nicht genug Stoff oder Zeit zu haben, um zu planen, ist einer der schwierigsten Aspekte, um jeden Tag aufzutauchen. Die Lösung? Batching von Inhalten. Widmen Sie 1-2 Tage in der Woche der Erstellung von Grafiken, dem Filmen von Instagram Reels oder der Aufnahme von Bildern für die nächste Woche zu Hause. Machen Sie sich vor dem Shooting eine Liste aller Bilder, die Sie machen möchten, sowie aller Kleidungsstücke und Requisiten, die Sie benötigen. Vergessen Sie nicht, jede Ihrer Inhaltssäulen zu fotografieren! Mit der Instagram-Planungsfunktion von Latter können Sie Ihre Instagram-Inhalte schon Wochen im Voraus planen und so eine Menge Zeit sparen.

Schreiben Sie aussagekräftige Beschriftungen.

Die durchschnittliche Länge der Überschriften hat sich seit 2016 mehr als vervierfacht. In der Tat ist das verständlich. Im Jahr 2021 wird von Influencern verlangt, dass sie mehr als nur ein Bild und eine kurze Beschreibung liefern. Es ist eine hervorragende Möglichkeit, ein Gespräch zu beginnen, einen Mehrwert zu bieten und langfristige Beziehungen zu Ihrem Publikum aufzubauen. Die "Mikroblogging-Beschriftung", die einen kleinen Blogeintrag nachahmt, ist ein Trend, den man beobachten sollte. Als Foodie-Instagram-Influencer könnten Sie eine Liste von fünf Superfoods twittern, die Sie in Ihren Smoothies verwenden sollten und warum. Als Mode-Influencer könnten Sie in einer Microblogging-Beschriftung Empfehlungen für das Umstyling eines Kleidungsstücks geben.

Einige Hinweise, die Sie bei der Erstellung von Bildunterschriften beachten sollten:

1. Sorgen Sie dafür, dass der erste Satz so auffällig ist, dass die Nutzer aufhören zu scrollen. "Der beste Leitfaden für...", "5 Dinge, die Sie über...", "Die Wahrheit über...",

"Hat noch jemand Lust auf..." oder "Wissen Sie, wie man..." sind einige Beispiele.

2. Fügen Sie am Ende Ihrer Bildunterschriften eine Aufforderung zur Handlung (CTA) ein (Call-to-Action). Dabei kann es sich um eine Anfrage, eine Bitte um Informationen oder eine Bitte um Hilfe handeln.

3. Machen Sie es einfach, Ihre Bildunterschrift zu lesen. Nichts ist ärgerlicher als eine lange Bildunterschrift, die nur einen Absatz lang ist - lösen Sie sie also auf!

4. Verwenden Sie Emojis, die zur Marke passen und Spaß machen. Denken Sie jedoch daran, dass die Struktur leicht zugänglich sein muss.

Fokus auf Gemeinschaftsbildung.

Einflussnehmer achten nicht nur auf Wachstum und Engagement, sondern auch auf die Qualität der Gemeinschaft, die sie aufbauen. Eine große Fangemeinde zu haben, bedeutet nicht immer, dass Ihre Ratschläge als bare Münze genommen werden, da Sie nicht die Zeit investiert haben, sie zu entwickeln. Es ist möglich, ein Publikum aufzubauen, das Ihre Vorschläge respektiert, die von Ihnen beworbenen Produkte kauft und Ihnen auf allen Plattformen folgt, wenn Sie sich auf die Tiefe konzentrieren. Der Aufbau von Beziehungen innerhalb Ihrer Community ist das Wichtigste, was Sie tun können, unabhängig davon, wo Sie sich in Ihrer Instagram-Influencer-Karriere befinden. Hier sind zwei hilfreiche Tipps für den Aufbau einer Community:

#1: Eine Diskussion führen.

Reagieren Sie auf Kommentare innerhalb von 30 Minuten, nachdem Sie sie in Ihrem Feed veröffentlicht haben. Kehren Sie später am Tag zurück, um auf die restlichen Kommentare zu antworten. Reagieren Sie immer auf DMs und beginnen Sie eine echte Diskussion, wenn Sie sie erhalten. Sprachnotizen bieten eine persönliche Note (und schonen gleichzeitig Ihre Finger!).

#2: Ermutigen Sie Ihr Publikum, sich miteinander zu unterhalten (und nicht nur mit Ihnen!)

Dies kann erreicht werden, indem Sie Ihre Leser ermutigen, sich im Kommentarbereich eines Beitrags auszutauschen. Die Luxusreise-Influencerin Lindsay Silberman gibt in meinem Her Life By Design-Podcast praktische Tipps, wie Sie Crowdsourcing in Ihrem Netzwerk betreiben, nach Ideen fragen und sie dazu bringen, "mit der Klasse zu teilen":

Erfahren Sie mehr über die Zuhörerschaft.

Wissen Sie mehr über Ihre Zielgruppe als nur eine Liste ihrer grundlegenden demografischen Daten? Es ist wichtig zu wissen, welche Art von Marken sie mögen, welche Berufe sie ausüben und mit welchen Hindernissen sie konfrontiert sind. Um Inhalte zu erstellen, die eine Verbindung herstellen und letztendlich gut funktionieren, müssen Sie alles über die Menschen wissen, die Ihnen auf Instagram folgen. Das Instagram-eigene Analyse-Dashboard ist der einfachste Weg, um eine

Momentaufnahme der demografischen Daten Ihrer Zielgruppe (wie Alter und Standort) zu erhalten:

Auf der anderen Seite bietet das Instagram Insights-Tool eine visuelle Momentaufnahme der Leistung Ihrer Inhalte für zusätzliche tiefgreifende Analysen. Mit diesem Tool können Sie Instagram-Posts und -Stories über einen Zeitraum von bis zu drei Monaten nachverfolgen und so feststellen, welche Posts und Stories am effektivsten sind. Wenn Sie mehr über Ihre Zielgruppe erfahren, können Sie auch mit Unternehmen zusammenarbeiten, die ihnen gefallen und von denen sie kaufen. Und wenn Sie die Interessen, Wünsche und Schwierigkeiten Ihres Publikums kennen, können Sie verhindern, dass Sie ein Produkt auf den Markt bringen (einen Online-Kurs, eine Bekleidungsmarke oder ein digitales Produkt). Abgesehen von privaten DM-Chats, um mehr über Ihr Publikum zu erfahren, gibt es noch einige andere Möglichkeiten, mehr über Ihre Community zu erfahren:

#1: Starten Sie eine Diskussion in den Kommentaren.

Nutzen Sie Ihre Bildunterschriften, um Ihre Fans dazu zu bringen, Ihnen in den Kommentaren von sich zu erzählen!

#2: Instagram Stories zum Erstellen von Umfragen verwenden.

Der Umfrageaufkleber macht das Abstimmen und die Teilnahme für jeden einfach. Einige Fragen, die Sie berücksichtigen sollten (die natürlich auf Ihr spezifisches Profil und Ihre Nische zugeschnitten sein sollten):

- Arbeiten Sie von 9 Uhr morgens bis 17 Uhr abends?

- Gefällt es Ihnen, wenn ich Reise- oder Social-Media-Tipps gebe?

#3: Erstellen eines Formulars oder einer Google Forms-Umfrage

Fragen wie "Was gefällt dir am besten daran, dass du mir folgst?" oder "Was würdest du dir wünschen, dass ich mehr darüber poste?" in einer Umfrage für dein Publikum zu stellen, ist ein hervorragender Ansatz, um ausführlichere Antworten zu erhalten.

TIPP: Da das Ausfüllen einer Umfrage Zeit kostet, sollten Sie einen Anreiz bieten. Jeder, der die Umfrage ausfüllt, nimmt zum Beispiel an einer Verlosung teil.

Optimieren Sie Ihre Bio und Ihr Profil.

Neue Instagram-Influencer machen sich oft Sorgen, dass Marken sie nicht ansprechen, weil ihre Seiten nicht optimiert sind, und das ist oft der Fall. Als potenzieller Markenpartner können Sie hier einige Dinge tun, um auf sich aufmerksam zu machen:

#1: Erstellen Sie ein Profil für Ihr Unternehmen oder als Ersteller.

Vermarkter müssen Sie als potenziellen Partner wahrnehmen, damit Sie Zugang zu nützlichen Diensten erhalten. Weitere Funktionen sind Instagram-Analysen und Funktionen für Markeninhalte sowie gespeicherte Antworten. Außerdem werden Kontakt-Buttons für

Instagram mit zusätzlichen Optionen verfügbar sein. Wechseln Sie zu einem Geschäftskonto, indem Sie zu Einstellungen > Konto > Zu einem Geschäftskonto wechseln gehen.

#2: Betonen Sie Ihre Nische und Ihren Zielmarkt.

Eine aussagekräftige Instagram-Bio definiert in ein paar kurzen Sätzen oder Aufzählungspunkten, was Sie tun und wer Sie sind. Betrachten Sie es als eine kleine Präsentation, um Werbetreibenden zu zeigen, wer Sie sind, wer Ihre Community ausmacht und welche Art von Material Sie gerne erstellen.

#3: Wählen Sie Ihre Inhalte mit Bedacht.

Posten Sie Inhalte, an denen die Marken, mit denen Sie zusammenarbeiten möchten, interessiert sind. Wenn Sie zum Beispiel ein Instagram-Influencer für Luxusreisen sind und mit Marken zusammenarbeiten möchten.

Ihr Netzwerk und Ihr Markenauftritt.

Wenn Sie im Jahr 2021 mit Marken zusammenarbeiten wollen, müssen Sie auf sich aufmerksam machen. Ist es möglich, eine Instagram-Fangemeinde zu kultivieren und konsistente Inhalte zu liefern, ohne eine Beziehung zu Sponsoren aufzubauen? Das ist wie ein Zwinkern im Dunkeln. Um Ihre nächste Kooperation zu gewinnen, finden Sie hier einige Tipps, wie Sie Unternehmen ansprechen können:

#1: Beitritt zu Influencer-Marketing-Plattformen auf Instagram.

Sehen Sie sich zum Beispiel Fohr, Collectively und Popular Pays an. Nachdem Sie Ihr Profil erstellt haben, werden Sie kontaktiert, wenn eine der Marken der Plattform der Meinung ist, dass Sie für eine ihrer Anzeigen geeignet wären.

#2: Recherchieren Sie über Public Relations-Firmen und stellen Sie sich vor.

PR-Agenturen vertreten eine Vielzahl von Marken und verwalten deren Influencer-Marketing-Initiativen. Suchen Sie bei Google nach PR-Agenturen, die Marken in Ihrer Nische vertreten, und schicken Sie eine E-Mail, um sich vorzustellen! Vereinbaren Sie ein zwangloses Kaffee- oder Telefongespräch, damit sie die Person hinter dem Namen kennenlernen und Sie für zukünftige Gelegenheiten im Hinterkopf behalten können.

#3: Erstellen Sie eine Pressemappe und verschicken Sie sie.

Legen Sie immer eine Kopie Ihrer Pressemappe vor, wenn Sie ein Unternehmen ansprechen. Stellen Sie sicher, dass es Folgendes enthält:

- Ihre Konten in den sozialen Medien und Ihre Website
- Die Größe des Publikums auf allen Plattformen
- Demografische Daten der Zielgruppe (Alter, Geschlecht, Standort)
- Beispiele für frühere Arbeiten, die Sie erstellt haben. Sie können diese Fotos je nach der Marke, für die Sie werben, ändern.
- Eine Liste der Marken, mit denen Sie bereits zusammengearbeitet haben (falls vorhanden)

#4: Verbreiten Sie einen geprüften Analysebericht

Vergessen Sie nicht, einen Instagram-Analysebericht in Ihr Media Kit aufzunehmen! Dies ist eine ausgefeilte (und geprüfte) Möglichkeit, Ihre wesentlichen Leistungsindikatoren zu präsentieren. Marken nutzen diese Berichte, um Ihre Vertrauenswürdigkeit zu bewerten und festzustellen, ob Sie für ihre Kampagne geeignet sind. Glücklicherweise enthält der Instagram-Leistungsbericht Profildaten, Posts mit den besten Ergebnissen und mehr. Mit der Funktion "Später", die für alle Wachstums- und Fortgeschrittenen-Tarife verfügbar ist, können Sie einen Instagram-Leistungsbericht erstellen, der geteilt werden kann.

Bonus-Tipp: Diversifizieren Sie Ihre Plattformen.

Instagram sollte nicht nur von Influencern genutzt werden. Warum? Weil man auf einer Drittanbieterseite nicht Eigentümer seiner Zielgruppe ist und man nie weiß, was mit seinem Konto passieren kann. Es ist auch eine finanzielle Chance, die vergeudet wurde. Sie können den Betrag, der für Markenkooperationen gezahlt wird, erhöhen, indem Sie ein Publikum auf einer anderen Plattform aufbauen.

Das Hinzufügen eines Blogbeitrags zu einem Instagram-Post kann die Konversionsrate für ein Unternehmen erheblich steigern. In welchem Umfang sollten Sie die verschiedenen sozialen Netzwerke nutzen? Alles hängt von Ihren Fähigkeiten und Interessen ab und davon, welche Plattform am besten zu Ihrem Fachgebiet passt. YouTube oder TikTok können für Sie geeignet sein, wenn Sie sich vor der Kamera wohlfühlen. Beherrschen Sie die englische Sprache gut oder führen Sie gerne Interviews? Erstellen Sie einen Podcast, wenn Sie das noch nicht getan haben. Schreiben Sie gerne lange Texte? Erstellen Sie einen Blog. Der Aufbau Ihrer E-Mail-Liste ist ebenfalls von entscheidender Bedeutung, denn sie ist das einzige Publikum, das Ihnen wirklich gehört und nicht vom Überleben der Plattform abhängig ist. Hier erfahren Sie, wie Sie Ihre E-Mail-Liste aufbauen können:

- Überlegen Sie, womit Ihr Publikum Probleme hat. Was erhoffen sie sich, von Ihnen zu lernen? Das könnte ein Video-Tutorial mit entspannenden Yoga-Bewegungen sein, eine PDF-Packliste oder eine Anleitung, wie man einen Blazer auf zehn verschiedene Arten trägt.
- Machen Sie ein kostenloses Angebot: Das kann in Form einer PDF-Datei, eines Videos oder einer Vorlage sein.
- Erstellen Sie eine Opt-in-Seite, ähnlich wie diese, auf der sich Personen für Ihr kostenloses Angebot anmelden können, indem sie ihre E-Mail-Adresse eingeben. Es ist etwas technische Arbeit erforderlich, aber nichts, was Ihnen die Google University nicht beibringen könnte. Für Opt-in-Seiten sollten Sie sich Lead Pages ansehen, und für E-Mail-Marketing Active Campaigns oder MailChimp.
- Teilen Sie Ihr kostenloses Angebot auf allen Ihren Konten in den sozialen Medien: Erläutern Sie, wie Ihr Geschenk Menschen verändern oder ihnen helfen wird, und fügen Sie einen Link zu Ihrer Opt-in-Seite hinzu.

- Behalten Sie Ihre wachsende To-Do-Liste im Auge!

Um Sie bei der Verbesserung Ihrer Instagram-Influencer-Social-Strategie zu unterstützen, haben wir einige Ideen und Anregungen zusammengestellt. Lassen Sie sich nicht entmutigen, wenn es länger dauert, bis Sie Ergebnisse Ihrer Social-Media-Bemühungen sehen; es wird sich schließlich auszahlen.

Kapitel no. 6

Mehr (ECHTE) Instagram-Follower im Jahr 2021.

Heute ist Instagram mit mehr als einer Milliarde monatlicher Nutzer das bekannteste Social-Media-Netzwerk. Vermarkter und Unternehmen sehen darin natürlich eine große Chance, sich diese Nutzerbasis zu erschließen. Allerdings ist es nicht einfach, über Nacht eine Instagram-Präsenz aufzubauen und Follower zu gewinnen. Es ist ein langwieriger Prozess, aber mit ein wenig Unterstützung können Sie die Vorteile schneller erkennen. Hier sind 12 Vorschläge, wie Sie authentische und relevante Instagram-Follower für Ihr Unternehmen gewinnen können.

1. Erstellen Sie eine aufmerksamkeitsstarke Bio.

Für einen hervorragenden ersten Eindruck sorgt Ihre Bio, das erste, was die Leute sehen, wenn sie Ihr Profil besuchen. Um Menschen dazu zu bringen, Ihnen auf Instagram zu folgen, müssen Sie eine interessante Bio entwickeln. Neben den wichtigsten Informationen, wie Ihren Kontaktdaten und einem Link zu Ihrer Website, sollten Sie auch die Geschichte Ihrer Marke ansprechend erklären. Die bloße Nennung Ihrer Geschäftsart reicht nicht aus, um sich von der Masse abzuheben. Sie müssen ihnen einen Grund geben, mit Ihrer Marke zu interagieren und ihr zu folgen.

2. Schaffen Sie eine eindeutige Instagram-Markenpersönlichkeit und bleiben Sie dabei.

Nach Ihrer Biografie ist Ihr Instagram-Feed das Nächste, was ein Besucher Ihres Profils zu sehen bekommt. Wenn eine Person Ihren Feed zum ersten Mal besucht, wird sie sich anhand dieses Eindrucks eine Meinung über Ihre Marke bilden. Farben, Art der Postings, Tonfall und andere Aspekte der Persönlichkeit Ihrer Marke müssen einheitlich sein. Es sollte auch so sein, dass jeder, der Ihren Beitrag sieht, ihn schnell mit Ihrem Unternehmen assoziiert.

3. Relevante Hashtags verwenden.

Die Verwendung von Hashtags, um mehr Menschen zu erreichen und mehr Instagram-Follower zu gewinnen, ist eine bewährte Methode. Sie sollten sich ansehen, welche Hashtags in Ihrer Branche gerade angesagt sind und zu Ihrer Marke und Ihren Inhalten passen. Verwenden Sie dann für alle Ihre Instagram-Inhalte eine Mischung aus diesen Hashtags, um Personen zu erreichen, die diesen Hashtags folgen. Denken Sie auch daran, etwas Abwechslung zu schaffen, indem Sie sowohl prominente Branchen-Hashtags als auch spezielle Hashtags verwenden, mit denen Sie sich abheben können. Verwenden Sie bis zu 30 Hashtags; und Sie sollten diese Funktion nutzen.

4. Erstellen Sie Ihren Hashtag und machen Sie ihn bekannt!

Neben der Verwendung bekannter Hashtags können Sie auch Ihren eigenen Hashtag entwerfen und bewerben. Das kann für Ihr Unternehmen oder sogar für eine bestimmte Kampagne sein. Markenspezifische Hashtags können Ihnen helfen, Ihre Instagram-Fangemeinde zu vergrößern und Ihre Kampagnen zu bewerben. Sie können Nutzer auch dazu ermutigen, den Hashtag in ihren Instagram-Beiträgen zu verwenden, indem Sie einen kampagnenspezifischen Hashtag entwickeln. Auf diese Weise erhalten Sie kostenloses nutzergeneriertes Material und können mehr Follower gewinnen.

5. Maximieren Sie die Effektivität Ihrer Untertitel.

Ihre Instagram-Beschriftungen ermöglichen es Ihnen, mit Ihrem derzeitigen Publikum zu kommunizieren und es vielleicht dazu zu inspirieren, Sie seinen Freunden zu empfehlen. Warum sollten Sie das nicht ausnutzen? Sie können mit Ihren Instagram-Beschriftungen viele verschiedene Dinge tun, z. B. Personen markieren, Fragen stellen, Unterhaltungen anregen und so weiter. Je mehr Sie Ihr Publikum zum Kommentieren anregen, desto wahrscheinlicher ist es, dass es seine Freunde dazu auffordert, sich an der Diskussion zu beteiligen. Sie können auch Rabatte oder Sonderangebote anbieten und Ihre Anhänger dazu auffordern, diese Informationen mit ihren Freunden zu teilen. Denken Sie auch daran, dass die Geschichte hinter dem Foto oder Video, das Sie posten, das Engagement erhöhen wird.

6. Teilnahme an öffentlichen Diskussionen.

Es ist das Gegenteil von dem, was wir zuvor besprochen haben. Sie sollten nicht nur Gespräche initiieren, sondern auch daran teilnehmen. Es kann für Sie von Vorteil sein, an einem Thema teilzunehmen, das von jemandem aus Ihrem Fachgebiet ins Leben gerufen wurde und zu dem sich andere äußern und an dem sie teilnehmen möchten. Einige Personen sind vielleicht so beeindruckt, dass sie sich Ihr Profil ansehen und beschließen, Ihnen zu folgen. Wie groß sind die Chancen?

7. Behalten Sie Ihre markierten Fotos im Auge.

Wenn Sie mehr Follower gewinnen und halten wollen, müssen Sie einen positiven Ruf pflegen. Eine Möglichkeit besteht darin, die Arten von Beiträgen zu verfolgen, in denen Ihre Marke erwähnt wird. Von Ihrem Instagram-Profil aus kann jeder alle Beiträge sehen, in denen Sie markiert wurden. Daher ist es wichtig, im Auge zu behalten, wer Sie in welchen Beiträgen taggt. Dazu können Sie die Option "Tags bearbeiten" verwenden oder die Einstellungen so ändern, dass nur die Beiträge, die Sie akzeptieren, in Ihren getaggten Beiträgen erscheinen.

8. Lernen Sie Ihre Nachbarn kennen.

Es kann nicht hoch genug eingeschätzt werden, wie wichtig es für Ihr Unternehmen ist, sich auf ein lokales Publikum zu konzentrieren. Es gibt zwei Möglichkeiten, dies zu erreichen: Lokale Hashtags und Geotagging funktionieren bei Instagram genauso wie lokale SEO bei Webseiten.

Ihre Beiträge sollten mit Geotags versehen sein.

Sie können lokale Instagram-Nutzer anziehen, indem Sie Geotags in Ihre Inhalte einfügen. Viele Nutzer nutzen die Suchfunktion von Instagram, um nach lokalen Inhalten zu suchen, und das Hinzufügen von Geotags kann Ihnen helfen, bei diesen Suchanfragen zu ranken. Das ist vergleichbar mit lokaler SEO, aber speziell für Instagram. Ihre Fotos werden hervorgehoben, wenn jemand mit einer Ortssuche nach Instagram-Inhalten sucht. Auf diese Weise können Sie mehr Instagram-Follower und lokale Personen auf Ihr Profil aufmerksam machen.

Verwenden Sie Hashtags, die für Ihr Gebiet spezifisch sind.

Lokale Hashtags dienen einem ähnlichen Zweck, da sie es Ihnen ermöglichen, sich mit anderen in Ihrer Gegend zu verbinden, die sich für ein bestimmtes Thema interessieren. Viele Instagram-Nutzer folgen lokalen Hashtags, und wenn Sie diese verwenden, können Sie diese Zielgruppe erreichen.

9. CTAs sollten überall platziert werden.

Instagram bietet Ihnen verschiedene Möglichkeiten, Handlungsaufforderungen in Ihre Inhalte einzubauen, und Sie sollten alle davon nutzen. CTAs können Ihnen dabei helfen, Ihr Publikum zu der gewünschten Aktion zu ermutigen, sei es ein einfaches "Wischen Sie nach oben, um mehr zu erfahren" auf Ihren Stories oder "Jetzt kaufen". Zumindest können Sie einen Aufruf zum Handeln in Ihre Bildunterschriften einbauen, indem Sie die Leute auffordern, Ihr Material zu teilen, Ihr Profil zu besuchen oder eine beliebige Aktion auszuführen, die Sie wünschen.

10. Influencer können zu Ihrem Vorteil genutzt werden.

Influencer haben viele engagierte und engagierte Follower - eine Eigenschaft, die sich jeder in seinem Publikum wünscht. Influencer können Ihnen helfen, Zugang zu ihren engagierten Anhängern zu bekommen und sie zu Ihren eigenen zu machen. Eine knifflige Sache, die Sie beachten sollten, ist, dass die Influencer für Ihr Unternehmen relevant und aus Ihrem Fachgebiet sein sollten. Solange diese Voraussetzungen erfüllt sind, können Sie loslegen, denn Influencer-Marketing ist eine spezielle Strategie, um Ihre Instagram-Fangemeinde zu vergrößern. Es gibt viele Möglichkeiten, Influencer Marketing einzusetzen, um Ihre Followerschaft zu vergrößern, aber dieser Aufsatz behandelt dieses Thema nicht. Machen Sie also Ihre Hausaufgaben und nutzen Sie das Influencer Marketing, um Ihre Reichweite zu vergrößern.

11. Organisieren Sie einen Wettbewerb.

Was auf den ersten Blick wie eine Spielerei aussieht, ist eine bewährte und effektive Methode, um Instagram-Follower zu gewinnen. Alles, was Sie tun müssen, ist, einen Wettbewerb zu veranstalten und die Leute dazu aufzufordern, sich zu beteiligen, indem sie Ihnen folgen und ihre Freunde taggen. Gestalten Sie außerdem Ihre Bildunterschrift so, dass die Teilnehmer nur diejenigen markieren, die wirklich an Ihrer Marke interessiert sind. Viele Unternehmen und Vermarkter nutzen diese Strategie, und sie führt zu schnellen Ergebnissen.

12. In Instagram-Anzeigen investieren.

Werbung muss in jeder Liste der Möglichkeiten, mehr Instagram-Follower zu bekommen, erwähnt werden. Schließlich ist sie die bewährte Methode, um mehr Leads (in diesem Fall Follower) für investitionsbereite Unternehmen zu generieren. Im Gegensatz zu Ihren Posts und Stories, die nur Ihre aktuellen Follower sehen, wird Instagram-Werbung von einem viel größeren, relevanteren Publikum besucht. Mit Anzeigen können Sie eine große

Anzahl von Personen in einem bestimmten demografischen Bereich oder Zielsektor erreichen.

Schlussfolgerung.

Mit diesen Methoden können Sie Ihre Instagram-Followerschaft vergrößern und für Ihr Unternehmen werben. Diese Tipps werden Ihnen helfen, Ihre Instagram-Followerschaft zu vergrößern und eine solide Online-Präsenz zu entwickeln.

Kapitel no.7

Instagram-Influencer Heute wichtig.

Als Geschäftsinhaber oder Vermarkter können Sie eine Reihe von Marketingtaktiken einsetzen, um Ihre Geschäftsziele zu erreichen. Warum sollten Sie sich für Instagram-Influencer-Marketing entscheiden, wenn Sie verschiedene Marketingstrategien haben, um Ihre Produkte zu bewerben oder zu verkaufen? Die Popularität von Instagram ist in den letzten Jahren sprunghaft angestiegen. Die Plattform fügt ständig neue Funktionen hinzu, um das Publikum zu binden und die Nutzerbasis zu erhalten. Über 1 Milliarde Menschen nutzen die weltweit beliebteste Foto-Sharing-App. Auf der anderen Seite wird es für Unternehmen immer schwieriger, ihre Präsenz zu zeigen. Marken haben es schwer, sich zurechtzufinden und mit ihrem engagierten Publikum in Kontakt zu treten. In dieser Situation wird Instagram-Influencer-Marketing zu einem entscheidenden Bestandteil erfolgreicher Marketingstrategien. Hier sind einige Statistiken, die Ihnen helfen, die Bedeutung von Instagram-Influencern im Jahr 2020 und darüber hinaus zu verstehen:

- 9 von 10 Personen glauben, dass Influencer Marketing eine effektive Marketingtechnik ist.
- Die Nutzung von Instagram hat sich in den letzten fünf Jahren verzehnfacht.
- Zu den drei wichtigsten Branchen, die mit Instagram-Influencern zusammenarbeiten, gehören Luxusunternehmen, Sportbekleidung

und Beauty-Unternehmen. Instagram wurde von 89 Prozent der Befragten als das wirksamste Social-Media-Medium für Influencer-Marketing bezeichnet.

- Zweiundachtzig Prozent der Kunden sagen, dass sie sehr geneigt sind, der Empfehlung eines Influencers zu folgen, und 67 Prozent glauben, dass gesponsertes Influencer-Material keinen negativen Einfluss auf sie hatte.
- 70 Prozent der Teenager vertrauen Influencern mehr als traditionellen Prominenten.
- Vier von zehn Millennials glauben, dass ihr Lieblings-Influencer mehr über sie weiß als ihre Kumpels.

Und wussten Sie, dass sich 49 % der Verbraucher auf Empfehlungen von Influencern verlassen? Nachdem sie ein Produkt auf Instagram oder YouTube gesehen haben, kauft es ein Großteil der Menschen. Fortschrittliche Unternehmen können es sich in der heutigen schnelllebigen Welt nicht leisten, Influencer-Marketing zu ignorieren, zumal Instagram ein wichtiger Bestandteil ihres Social-Media-Marketingplans ist.

Vorteile für Marken.

Influencer-Marketing ist eine der effektivsten Strategien für Unternehmen, um schnell auf sich aufmerksam zu machen und Geld zu verdienen. Laut Forbes wächst das Influencer-Marketing schneller als die digitale Werbung. Hier sind einige der Vorteile von Instagram Influencer Marketing für Marken:

- Die Einfachheit, mit der ein neues Zielpublikum erreicht werden kann
- Erhöhte Sichtbarkeit in den Suchmaschinen
- Eine höhere Konversionsrate
- Nutzen Sie Inhalte, um einen Mehrwert zu bieten
- Gewinnbringende Kooperationen eingehen
- Erhöhen Sie die Traktion Ihres Social Media Marketings.

Wer möchte nicht mächtig, wohlhabend und erfolgreich sein?

Ein Instagram-Influencer zu sein, hat viele Vorteile. Viele Menschen haben sich über Instagram eine große Fangemeinde aufgebaut und dann ihr Unternehmen erweitert. Um Ihr Unternehmen zu gründen oder aufzubauen, sollten Sie die Einrichtung eines Instagram-Profils in Betracht ziehen. Alles, was Sie jetzt tun müssen, ist, hochwertige Inhalte zu produzieren und an Ihr Zielpublikum zu liefern. Sie können sich von den Erfolgsgeschichten auf Instagram sehr inspirieren lassen. Wenn Sie jedoch ein Instagram-Influencer werden wollen, sollten Sie es richtig machen. Lohnt es sich, ein Instagram-Influencer zu werden? Für Unternehmen und Privatpersonen kann es schwierig sein, herauszufinden, wie sie ihre Instagram-Followerschaft erhöhen können, ohne Geld für bezahlte Werbung auszugeben.

Ist es möglich, Instagram-Follower zu kaufen?

Sie können zwar für die Gewinnung von Followern bezahlen, aber es ist wichtiger, echte Follower zu haben, die sich für das interessieren, was Sie tun oder verkaufen.

Sie könnten ein Boot oder einen kostengünstigen Dienst einsetzen, um Follower zu gewinnen, aber das wäre unwirksam. Verlassen Sie sich also nicht auf veraltete Methoden, um Ihre Anhängerschaft zu vergrößern, sondern konzentrieren Sie sich auf den Aufbau von Beziehungen.

Einpacken.

Das Verbrauchermarketing hat sich in den letzten Jahren stark gewandelt. Angesichts der wachsenden Abneigung gegen Werbung im Internet müssen Marken neue und kreative Wege finden, um mit den Verbrauchern in Kontakt zu treten. Obwohl es prominente Werbeträger schon seit einem Jahrhundert gibt, sind Marken heute mehr denn je auf Influencer angewiesen. Aufgrund des bemerkenswerten Aufstiegs der sozialen Medien können viele Influencer jetzt Möglichkeiten finden, ihre Fangemeinde zu beeinflussen und mit ihr zu interagieren. Nutzen Sie als Marke das Instagram-Influencer-Marketing, um die richtige Zielgruppe zur richtigen Zeit anzusprechen. Entwickeln Sie einen soliden Ansatz und bleiben Sie dabei, wenn Sie ein Influencer sein wollen.

Schlussfolgerung:

Warum Instagram nutzen, wenn es so viele andere Social-Media-Plattformen gibt? Instagram gilt weithin als der beste Social-Media-Kanal für die Einbindung von Marken oder die Verbindung mit Ihren Fans. Es ist einfach und visuell ansprechend, und es spricht jüngere Generationen mehr an als andere Social-Media-Netzwerke. Instagram kann für mehr als nur Fotos genutzt werden. Sie können ein Social-Media-Profil entwickeln, das die Mission und die Ziele Ihrer Marke darstellt und Ihren Fans spannende Fotos präsentiert. Präsentieren Sie Ihre Produkte und generieren Sie Leads und Verkäufe. Instagram mag wie eine unbedeutende Plattform erscheinen, aber es ist ein mächtiges Werkzeug, das Ihr Unternehmen jederzeit nutzen sollte! Sie können mit Ihren Kunden interagieren, für Ihre Produkte werben und den Bekanntheitsgrad Ihrer Marke steigern! Es reicht nicht aus, nur Fotos zu posten. Instagram ist ein Social-Media-Tool, das Sie unabhängig von Ihrem Produkt oder Ihrer Dienstleistung nutzen sollten. Sie müssen ansprechende Texte verfassen, Instagram-Stories und -Highlights nutzen und über neue Funktionen auf dem Laufenden bleiben. Informieren Sie unser Team von Social-Media-Spezialisten! Sie können einen personalisierten Inhaltsplan für Ihr Unternehmen erstellen, der sowohl professionell als auch lukrativ ist.

Heute gibt es die meisten beliebten Foto-Sharing- und Social-Networking-Sites, wie Instagram. Instagram, das 2010 ins Leben gerufen wurde, hat heute 100 Millionen aktive Nutzer und 40 Millionen Fotos, die täglich veröffentlicht und geteilt werden. Machen Sie ein Foto oder ein Video und laden Sie es auf Instagram hoch. Es ist einfach, es ist eine neue Art, die Welt zu beobachten, und es ist eine schnelle, schöne und angenehme Art, Ihr Leben mit Freunden und Familie zu teilen. Sie können sie sogar auf Facebook, Twitter und Tumblr teilen. Durch die Aufnahme von Bildern werden die künstlerischen Fähigkeiten verbessert. Es fördert die zwischenmenschliche Kommunikation, erweitert Ihre Freundesliste, vergrößert Ihr berufliches Netzwerk, was von Vorteil ist, und ermöglicht Ihnen, Informationen auf einzigartige Weise zu teilen. Sie können die von Ihnen angebotenen Dienstleistungen oder Produkte fotografieren und für alle sichtbar posten; Sie können auch für Ihre Produkte werben, wenn Sie ein Geschäft oder einen Laden besitzen; fotografieren Sie Ihre Produkte und posten Sie sie auf Instagram, was Ihnen helfen wird, mehr Kunden zu gewinnen. Instagram wird in Zukunft ein wertvolles Medium der sozialen Medien sein, vor allem für geschäftliche Zwecke, da die Marketing- und Strategiemethoden steif sind. Dennoch ist die Resonanz größer und die positiven Auswirkungen waren ausgezeichnet, und es ist für Geschäftsinhaber einfach zu nutzen.

Dieses Buch ist Teil einer fortlaufenden Sammlung mit dem Titel "Social Media Influence."

1. Steigern Sie Ihren Social Media Einfluss auf Facebook.
2. Steigern Sie Ihren Einfluss in den sozialen Medien auf YouTube.
3. Erhöhen Sie Ihren Einfluss in den sozialen Medien auf Instagram.
4. Erhöhen Sie Ihren Einfluss in den sozialen Medien auf TikTok.
5. Steigern Sie Ihren Social Media-Einfluss auf Reddit.
6. Erhöhen Sie Ihren Social Media-Einfluss auf Pinterest.
7. Erhöhen Sie Ihren Social Media Einfluss auf Twitter.
8. Erhöhen Sie Ihren Social Media-Einfluss auf LinkedIn.
9. Erhöhen Sie Ihren Einfluss in den sozialen Medien auf WhatsApp.
10. Erhöhen Sie Ihren Social-Media-Einfluss auf Snapchat.

Bitte schauen Sie bei Amazon nach weiteren Büchern aus dieser Sammlung.

Autor Bio

Aaron Cockman. Aaron liest gerne und lernt gerne mehr darüber, wie man in den sozialen Medien profitabel sein kann. Deshalb beschloss sie, über etwas zu schreiben, das sie mit Leidenschaft verfolgt. Weitere Bücher werden in dieser Sammlung folgen, also folgen Sie ihr auf Amazon für weitere Bücher.

Danke, dass Sie dieses Buch gekauft haben.

Ich weiß es wirklich zu schätzen und schätze Sie, meinen hervorragenden Kunden.

Gott segne Sie.

Aaron Cockman.

www.ingramcontent.com/pod-product-compliance
Lightning Source LLC
Chambersburg PA
CBHW070116230526
45472CB00004B/1279